Jimena Gómez Villa

COCINA
para uno

PLATOS FÁCILES Y APETITOSOS
PARA SENTIRSE ACOMPAÑADO

Dirección editorial
Emöke Ijjász S.

Edición
Nohra Angélica Barrero Z.

Diagramación
Martha Ramírez Jáuregui

Fotografía de portada
Maruka Fernández

Maquillaje de alimentos
Clara Inés de Arango

Ilustraciones
Danilo Ramírez Parra

> Gómez Villa, Jimena, 1950-
>   Cocina para uno : platos fáciles y apetitosos para sentirse acompañado / Jimena Gómez Villa ; ilustraciones Danilo Ramírez Parra. -- Edición Nohra Angélica Barrero Z. -- Santafé de Bogotá : Panamericana Editorial, 1999.
>   144 p. : il. ; 24 cm. -- (Colección cocina práctica)
>   ISBN 958-30-0704-8
>   1. Cocina 2. Gastronomía I. Barrero Zabaleta, Nohra Angélica, ed. II. Ramírez Parra, Danilo, il. III. Tít. IV. Serie
>   641.5 cd 20 ed.
>   AGT5200
>
>   CEP-Biblioteca Luis-Angel Arango

Primera edición, Editorial Voluntad S.A., 1994
Primera edición en Panamericana Editorial Ltda., octubre de 1999
© 1999 Panamericana Editorial Ltda.
Calle 12 No. 34-20, Tels.: 3603077 - 2770100
Fax: (57 1) 2373805
E-mail: panaedit@andinet.com
www.panamericanaeditorial.com.co
Santafé de Bogotá, D. C., Colombia

ISBN:958-30-0704-8

Todos los derechos reservados.
Prohibida su reproducción total o parcial
por cualquier medio sin permiso del Editor.

Impreso por Panamericana Formas e Impresos S. A.
Calle 65 No. 94-72, Tels.: 4302110 - 4300355, Fax: (57 1) 2763008
Quien sólo actúa como impresor.

Impreso en Colombia   Printed in Colombia

Contenido

¡Vivir solo es una aventura maravillosa!	5
El equipo de cocina	6
Conozca las hierbas y especias	8
Cómo comprar	10
Pescados y mariscos	10
Verduras	10
Cómo conservar las verduras	12
Cómo congelar alimentos	13
Sugerencias para congelar verduras	14
Equivalencias de pesos y medidas	15
SOPAS	16
HUEVOS	25
Tibios	26
Duros	26
Pochés	27
Fritos	27
Revueltos	27
ENTRADAS	29
PESCADOS Y MARISCOS	34
AVES	40
POLLO	41
PAVO	48
CARNES	49

Arroz	60
Papas	63
Granos	66
Pastas	69
Verduras	73
Ensaladas	82
Salsa y aderezos	86
Postres	90
Bebidas	101
Chocolate	102
Té	103
Café	104
Cocteles	106
Bebidas alcohólicas	107
Orígenes del coctel	108
Elementos necesarios para preparar cocteles	108
Prepare deliciosos cocteles	109
Menús para invitaciones	113
Glosario	134
Índices	135

¡Vivir solo es una aventura maravillosa!

A vivir solo se llega por muchos caminos: a veces es una decisión tomada con autonomía; o es la vida quien la toma por nosotros. De cualquier forma, es un reto que se aprende a disfrutar día a día, de la misma manera como se destilan los mejores licores.

Vivir solo significa aprender a acompañarnos y a querernos más que nunca; es rodearnos de lo bello que tiene la vida y disfrutarlo. La música y la lectura se convierten en nuestras mejores amigas, ahogamos el silencio con pensamientos positivos y damos un espacio a la meditación.

¿De qué se trata, al fin de cuentas? De llenarnos para luego compartir con los otros. De aprender a estar solos -sin temer a la palabra- para después gozar en compañía.

¡Ah! ¡Estar solos! Poder entonar ese tango que no nos atrevemos a cantar delante de nadie. Tener el teléfono sólo para nosotros; usar todos los días el agua caliente sin pensar que otros vienen detrás. ¡Estar solos! Disfrutar de esa grata compañía que llega con una botella de vino y hablar, hablar, con toda libertad.

Estar solos significa pintar el apartamento con nuestros colores preferidos, llenar los jarrones con nuestras flores, oír la misma casete una y otra vez en un día de melancolía... o de alegría. La felicidad de estar solos tiene que ver con la autoestima. Quien se quiere, disfruta de sí mismo, se alimenta bien y prepara con gusto pequeños banquetes.

Este libro está escrito pensando en usted que vive solo, sin conocer la soledad. Ha sido nuestra meta presentar platos económicos, nutritivos y variados, tomando en consideración todos los gustos y en especial el suyo. La creatividad y la imaginación nos han guiado. Las recetas son fáciles, rápidas de preparar y deliciosas.

Hemos incluido diez menús, porque sabemos que disfruta invitando a sus amigos. Son platos que «van bien» unos con otros y que le ahorrarán la «ardua» tarea de pensar qué servir. Los platos de los menús son para cuatro personas. Es cierto, su apartamento es pequeño y no puede recibir a todos sus amigos a la vez.

Hay una sección de bebidas: té, café, chocolate, cocteles... Le interesará enterarse de sus orígenes y disfrutar sus sabores.

El comienzo del libro tiene una sección con temas variados: el equipo de cocina necesario para quien vive solo, las hierbas y las especias, consejos para comprar bien y para congelar de la misma manera. Estamos seguros de que le será útil. Con el tiempo se convertirá en un experto y podrá aconsejar a sus amigos... porque cada vez son más los que viven solos.

Queremos que el libro sea su compañero. ¡Embárquese sin miedo en esa maravillosa aventura de vivir solo y aliméntese bien! Recuerde a nuestros sabios antepasados, los griegos, que decían: «Cuerpo sano, mente sana».

El equipo de cocina

La arquitectura contemporánea ha cambiado radicalmente nuestra forma de vivir y ha modificado en gran medida muchos de nuestros hábitos. Los grandes espacios pertenecen al pasado; las viviendas reducidas son la nota preponderante. Por eso, cuando de cocina se trata, debemos pensar muy bien qué vamos a comprar. Un adecuado equipo de cocina nos facilitará la vida y será nuestro mejor aliado. Por el contrario, llenarnos de objetos superfluos instaurará el caos y el desorden y hará que nuestra cotidianidad sea mucho más difícil.

El siguiente es el equipo básico para una persona. De acuerdo con sus gustos y bolsillo, podrá hacerle algunas variaciones, pero lo que en esencia necesita para cocinar es lo siguiente:

PARA PREPARAR LAS COMIDAS

1 tabla para picar
1 cuchillo grande
2 cuchillos pequeños
1 cuchillo para pan
1 colador grande
1 colador pequeño
1 destapador de botellas
1 abrelatas
1 sacacorchos
1 exprimidor de cítricos
1 tijera de cocina
3 cucharas de madera de diferentes tamaños
1 espátula
1 tenedor grande
1 juego de cucharas medidoras
1 juego de taza medidoras
1 balanza para alimentos
1 juego de recipientes para mezclar alimentos

*P*ARA COCINAR

1 juego de ollas (de preferencia antiadherentes
o de acero inoxidable)
1 sartén con tapa
1 olla de presión
1 cacerola
1 olla para baño maría
1 greca
1 chocolatera

*P*ARA EL HORNO

1 lata plana
2 refractarias pequeñas con tapa
1 molde para ponqué

*A*CCESORIOS DE COCINA

1 recipiente para basuras
1 balde pequeño
1 afilador de cuchillos
2 juegos de recipientes plásticos con tapa
1 escoba
1 trapero
2 limpiones
2 toallas de cocina
2 cogeollas
1 esponja
papel aluminio
papel parafinado
bolsas plásticas

Conozca las hierbas y especias

Hierbas

Desde la antigüedad, los hombres han atribuido a las hierbas propiedades medicinales, casi mágicas. Las infusiones se utilizan para variados fines, desde curar el dolor de estómago hasta los baños para atraer la suerte. Teósfrato fue el primero en escribir sobre las hierbas, en aquel remoto año 370 a.C. En sus textos describe cómo hacer perfumes con tomillo, menta, azafrán y mejorana.

En la Edad Media se comenzaron a cultivar hierbas en castillos, monasterios y conventos, donde se utilizaban para cocinar y curar afecciones.

Si aprendemos a combinar las hierbas en forma precisa, lograremos platos de absoluta exquisitez. Pero, para eso hay que conocerlas. He aquí algunos secretos para lograrlo: las hierbas frescas son ideales; las deshidratadas tienen sabor más fuerte y definido; de manera que para sustituirlas por frescas, debe usarse la tercera parte de las frescas.

albahaca: llamada también *hierba real*, combina muy bien con tomates, pescados y platos a base de huevos. Sus hojas pequeñas y con una leve pelusa se oscurecen con rapidez después de cortarlas. Es muy popular en Italia, donde se utiliza, entre otras cosas, para preparar el famoso *pesto*, que hace las delicias de cualquier pasta.

cilantro: es muy apreciado en la India y en América. Delicioso en caldos y sopas, es rico en vitamina A.

estragón: fresco, es un lujo en la cocina. Para mantener su sabor debe guardarse en vinagre. No combina bien con sopas, pero sí de manera excelente con pescado, pollo, tomates y champiñones.

menta: su sabor refrescante realza acertadamente el cordero, arvejas, habas y ensaladas de frutas. Tiene un alto contenido de vitamina A y es muy digestiva.

perejil: hierba noble que combina a la perfección con otras. Contrario a lo que se piensa, no sólo sirve como adorno, pues tiene un alto contenido proteínico. Puede mezclarse con casi todas las carnes y ensaladas. Además, anula el olor del ajo y la cebolla.

romero: debe usarse con prudencia, por su fuerte sabor. Combina bien con pato, cordero, conejo, cerdo, espinacas, arvejas y pizza. Es un gran tónico digestivo y un excelente antiséptico.

salvia: de fuerte sabor, algo amargo, combina con carnes grasosas como cerdo y salchichas. También es exquisita con requesones y sopas de pescado. Es preferible usarla fresca, ya que deshidratada pierde mucho de su aroma y sabor. Ayuda a digerir las grasas.

tomillo: conviene utilizarlo en pocas cantidades, porque su sabor se destaca entre las otras hierbas utilizadas. Combina bien con pollo, pescado y mariscos.

Especias

La historia de las especias tiene más de tres mil años. El hombre, para abastecerse de ellas descubrió nuevos mundos, libró innumerables batallas y llegó, incluso, a esclavizar a sus semejantes.

Entre sus múltiples usos, han servido para embalsamar y para fabricar perfumes y medicinas, pero su función principal ha sido siempre la de añadir sabor a los alimentos. En Occidente la pimienta es la reina de las especias, seguida por la canela, el clavo y la nuez moscada.

Hagamos una pequeña incursión por el maravilloso mundo de las especias:

canela: dulce y suavemente aromática, es la corteza de un árbol. Combina con chocolate, galletas dulces y postres de manzana. También puede usarse, en muy pequeñas cantidades, con mariscos, arroces y carnes.

cardamomo: sus semillas deben molerse sólo en el momento de usarlas, pues pierden rápidamente su aroma. Combina muy bien con clavos y canela, y es muy sabroso mezclado con café. Es digestivo y purifica el aliento.

clavos: contienen gran cantidad de aceite; su sabor es tan fuerte que algunas veces se retira la cabeza para suavizarlos. Se usan en preparaciones al curry, mermeladas, marinadas y, en pequeñas cantidades, con cebollas, carnes, pollos y jamones.

jengibre: originaria de la India, esta raíz puede usarse de diversas formas: entera, fresca, pelada o rallada. Para obtener su mejor sabor se debe dejar fina, sin pelar, y freírla en poco aceite. Es deliciosa con patos, pescados, tomates, cebollas y batatas. Es un elemento esencial en los platos orientales de sabor agridulce.

nuez moscada: agradable al paladar, puede usarse con generosidad, de preferencia recién rallada, sobre postres, espinaca y cordero.

pimientas blanca y negra: las dos provienen de la baya *Piper nigrum*. Existe una leve diferencia entre sus sabores; la blanca es un poco más aromática. Se utilizan en la mayoría de los platos y es preferible usarlas recién molidas. Excelentes para conservar alimentos y resaltar su sabor.

Cómo comprar

Comprar bien es una habilidad que se adquiere con el tiempo, ya que sin lugar a dudas la experiencia es la mejor escuela. Sin embargo, existen algunos trucos que pueden aprenderse y que serán una ayuda invaluable. Saber comprar le ahorrará tiempo y dinero.

Pescados y mariscos

Cuando compre pescado fresco tenga en cuenta lo siguiente:
- Toque la carne. Debe ser elástica pero firme, y las espinas deben estar adheridas a ella.
- El olor no debe ser fuerte. Contrario a lo que se piensa, el aroma característico del pescado no es desagradable.
- Los ojos deben estar claros y brillantes.
- Las agallas deben ser, en términos generales, de color rojo vivo. Si son rosadas o gris-verdosas, el pescado no está fresco.

Cuando compre pescado congelado tenga presente que:
- El paquete no debe estar cubierto de hielo, prueba de que ha sido descongelado y vuelto a congelar.
- El color debe ser claro, nunca descolorido o pardusco; esto también indica que ha sido congelado y luego descongelado.
- El olor debe ser casi imperceptible.
- No debe existir aire entre la envoltura y el pescado.
- La envoltura debe ser a prueba de agua.

Verduras

alcachofas: escójalas compactas, con las hojas cerradas, crujientes al tacto y de un color verde fresco. Cuando empiezan a abrirse, están demasiado maduras y no podrán utilizarse porque se pondrán carmelitas muy pronto. Algunas veces, aunque estén frescas, tendrán unos pequeños puntos en las hojas exteriores. Haga caso omiso de éstos, ya que no afectarán las hojas interiores. Una alcachofa es suficiente para una persona.

apio: si está fresco, tendrá buena forma y sus tallos serán crujientes. Evite los de tallos blandos u hojas amarillentas. Un cuarto de libra hace una porción.

berenjenas: las que están frescas son de un morado profundo, firmes y muy brillantes, por lo general pesadas. No compre las que tienen puntos negros o apariencia marchita, porque están dañadas. Una berenjena mediana será suficiente para una persona.

brócoli: busque ramos que tengan un color verde intenso y con las flores muy cerradas. La presencia de un color amarillento en las flores indicará que está demasiado maduro, y al cocerlo se endurecerá.

calabacines: escójalos firmes y pesados, con la cáscara brillante y suave. Un cuarto de libra hace una porción.

coliflor: las mejores son blancas y compactas, con hojas de color verde fresco. Evite las amarillentas o aquellas con flores abiertas. Un cuarto de coliflor mediana es suficiente para una persona.

champiñones: para garantizar su frescura, escoja los que estén bien blancos, con las cabezas firmemente adheridas al tallo. Evite los que tengan daños. Media libra es una porción generosa.

espárragos: escoja los de tallos firmes y rectos, con las puntas bien cerradas. Los más delgados, aunque no son tan presentables, tienen mejor sabor. Una porción generosa corresponde a $1/2$ libra.

espinacas: compre manojos de color verde oscuro, con hojas de apariencia fresca y brillante. Rechace las marchitas o amarillentas. Media libra será suficiente para una persona.

habichuelas: las mejores son crujientes, de color brillante y no muy abultadas al tacto. Las más frescas son aterciopeladas. Descarte las que estén dañadas o partidas. Un cuarto de libra equivale a una porción.

papas: escoja las que estén firmes y sin pequeñas raíces o puntos negros. La cáscara no debe presentar color verdoso, característica de las que han sido guardadas por mucho tiempo, lo que producirá un sabor amargo. Una papa grande o 2 pequeñas serán suficientes para una persona, según el gusto.

pepino cohombro: para que sean frescos, deben estar firmes y brillantes. Los que tienen puntos negros comienzan a descomponerse. Evítelos. Un cohombro de tamaño regular está bien para una persona.

pimientos: los mejores son de contextura firme, de color rojo o verde brillante. Descarte los opacos o con puntos negros. Un pimiento será suficiente para una persona.

repollitas: las pequeñas, firmes y brillantes son las mejores. No las compre grandes, de contextura esponjosa o con hojas amarillas. La porción para uno es de $1/3$ a $1/2$ libra.

repollo: escójalo firme y crujiente, de color verde brillante. Un cuarto de libra es una porción generosa.

zanahoria: compre las que tengan un color anaranjado intenso, sin fibras negras en las puntas. Una zanahoria grande o 2 medianas serán suficientes para una persona.

Cómo conservar las verduras

Conocer cuánto tiempo se mantienen frescas las verduras puede ser de gran utilidad. Así sabremos cuáles debemos preparar lo más pronto posible y cuáles podremos conservar durante algún tiempo. De igual manera, la forma de guardarlas es definitiva. De ella dependerán su duración, su frescura y su sabor.

alcachofas: refrigérelas dentro de una bolsa plástica cerrada. Si se han comprado bien frescas, se mantendrán en óptimas condiciones durante 2 semanas.

apio: refrigere dentro una bolsa plástica, bien cerrada, en la nevera. Puede conservarse hasta por 2 semanas.

berenjenas: se mantendrán mejor si se conservan en un lugar seco y frío. No es necesario refrigerarlas. Duran hasta 5 días en buenas condiciones.

brócoli: debe refrigerarse dentro de una bolsa plástica. Se mantendrá fresco hasta por 2 semanas.

cebollas: deben guardarse en un lugar fresco y seco. Se mantendrán en buenas condiciones durante 1 semana.

champiñones: deben refrigerarse dentro de una bolsa plástica abierta, para permitir la libre circulación del aire. Se mantendrán con buen sabor durante 1 semana.

espárragos: envuelva las puntas en papel un poco húmedo y conserve dentro de una bolsa plástica para mantener la humedad. Se deben refrigerar y consumir lo más pronto posible.

espinacas: refrigérelas dentro de una bolsa plástica. Deben consumirse dentro de un período de 3 a 5 días.

habichuelas: deben refrigerarse dentro de una bolsa plástica. Se mantendrán en buenas condiciones hasta por 1 semana.

papas: manténgalas en un lugar fresco y seco, nunca en la nevera. Pueden guardarse por 2 a 3 semanas.

zanahorias: se deben refrigerar dentro de una bolsa plástica. Se mantienen en buen estado hasta por 2 semanas.

Cómo congelar alimentos

Los descubrimientos del estadounidense Clarence Birdseye revolucionaron los hábitos alimenticios del mundo occidental. En 1912, Birdseye, en una expedición a Labrador, Canadá, en busca de pieles concluyó que los alimentos congelados tenían grandes posibilidades comerciales. Durante más de 10 años realizó experimentos y, en 1924, introdujo al mercado dichos productos. El éxito fue inmediato. Birdseye se convirtió en millonario y el mundo entero encontró una nueva forma de comer y ahorrar tiempo y dinero.

No es nuestra intención hacer un tratado sobre congelación, sino presentar algunos lineamientos que puedan ser útiles para las personas que viven solas. Para aquellos muy ocupados, en una eterna carrera contra el tiempo, los alimentos congelados pueden ser una magnífica solución.

Para congelar con éxito es necesario, ante todo, elegir alimentos de la mejor calidad, óptima preparación y máxima frescura. Deben guardarse sellados dentro de bolsas o recipientes a prueba de agua.

Las pastas, papas cocidas, arroces y gelatinas producen resultados desastrosos si se congelan; pero, en general, la mayoría de los alimentos cocidos puede congelarse.

Existen diversas y sofisticadas maneras de envolver los alimentos para su congelación. Sin embargo, bastará que tenga una buena provisión de papel aluminio y bolsas plásticas. Guardar porciones de alimentos es buena idea. Recuerde que debe fechar los paquetes e indicar su contenido. Tenga en cuenta que no podrá volver a congelar lo que ha sido descongelado.

* La carne, en general, congela muy bien y se mantiene en buenas condiciones durante 6 meses aproximadamente. El pollo se conserva por 8 a 9 meses; las salchichas duran menos tiempo: máximo 3 meses.

* Los pescados con alto contenido graso pueden congelarse durante 2 meses, lo mismo que los mariscos, frescos o cocidos. Es importante tener en cuenta que el pescado descongelado debe cocinarse a temperaturas menores que el fresco, y que la cocción debe ser más larga.

* Los quesos duros pueden congelarse durante 6 meses; los cremosos sólo durante 2 meses.

* Para congelar las sopas, primero se deben enfriar en agua helada y luego guardarlas en recipientes no demasiado llenos.

* Es importante saber que el congelador no debe llenarse al máximo. Se debe, así mismo, disponer de un tiempo adecuado para permitir la descongelación.

* Tenga en mente adquirir un horno microondas. Es una buena inversión, ideal para descongelar rápidamente.

Sugerencias para congelar verduras

Antes de congelar las verduras, se deben hervir, enfriar antes de empacar y congelarlas de inmediato. Elegir las verduras adecuadas es algo que se aprende con la práctica. Con estas sencillas sugerencias podrá volverse un(a) mago(a) congelando.

brócoli: escójalo con cabeza compacta y tallos tiernos. Pártalo en trocitos. Los tallos delgados deben hervirse por 3 minutos; los medianos por 4 y los más gruesos por 5.

coliflor: escoja las que estén firmes y compactas. Divídalas en flores y hierva por 3 minutos. No es necesario dejar ningún espacio en la bolsa.

champiñones: lávelos muy bien y recorte los tallos. Si miden más de 2 cm deben cortarse en dos. Si lo desea, puede hervirlos con un poco de mantequilla (6 cucharadas por libra) durante 5 minutos, o cocinarlos al vapor.

espárragos: escoja tallos grandes y gruesos. Selecciónelos por tamaños iguales. Hierva los delgados durante 2 minutos; los medianos por 3 y los gruesos por 4.

habichuelas: escójalas muy frescas. Hiérvalas por $4^{1/2}$ minutos y empaque en bolsas, dejando un espacio de 1 cm en la parte superior.

mazorcas: escójalas tiernas y frescas. Descarte los ameros. Hierva las pequeñas durante 4 minutos; las medianas por 6 y las grandes por 8 minutos.

repollitas: escójalas con cabeza firme y apretada. Clasifíquelas en grupos según su tamaño. Hierva las pequeñas por 3 minutos y las medianas por 4. No es necesario dejar ningún espacio al empacarlas.

zanahorias: escójalas frescas, de tamaño mediano. Lávelas y pele. Las zanahorias enteras deben hervirse por 5 minutos.

EQUIVALENCIAS DE PESOS Y MEDIDAS

1 pizca	- menos de $1/8$ cdita.
60 gotas	- 1 cdita.
1 cdita.	- $1/3$ cda.
1 cda.	- 3 cditas.
4 cdas.	- $1/4$ taza
$5\,1/3$ cdas.	- $1/3$ taza
8 cdas.	- $1/2$ taza
1 taza	- $1/2$ pinta - 8 oz
2 tazas	- 1 pinta
1 pinta líquida	- 16 oz
1 lb americana	- 454 g aprox.
1 taza	- 150 ml
1 vaso de agua	- 200 ml
1 copa de vino	- 100 ml
1 cda.	- 15 ml

Sopas

**Platos con
carnes
granos
nueces
pescados
quesos
verduras**

Mafalda, esa niña precoz y encantadora que pontifica sobre lo humano y lo divino, casi siempre con razón, odia la sopa, y tal vez es en el único asunto en el que su sabiduría falla, porque no hay nada más delicioso que un buen plato de sopa bien caliente, sobre todo cuando el frío ha hecho de la noche su reino y llueve a cántaros sobre la ciudad. La sopa, coronada muchas veces con una buena ración de queso Parmesano, a la usanza italiana, y acompañada por crujiente pan francés, es la mejor consejera y cura todos los males... hasta los del amor.

Con el vertiginoso paso de los tiempos, la preparación de las sopas ha cambiado bastante. Para efectos de este libro, hemos utilizado como base de las recetas los caldos instantáneos, con el objeto de ahorrar tiempo y agilizar su preparación. Sin embargo, es importante saber que éstos presentan un problema: son demasiado salados, y su contenido de sal varía de una marca a otra, por lo que es conveniente usarlos con prudencia.

Quizás en un fin de semana largo o en vacaciones, usted quiera intentar preparar un caldo a la usanza de las abuelas. Pruébelo, no se arrepentirá: desde la víspera, deje reposar 1 hueso poroso y 1 presa de pollo en agua fría. Agregue 1 zanahoria, 1 cebolla larga, 1 tallo de apio y sal al gusto. Deje hervir hasta que la carne esté bien cocida y luego cuele, deje enfriar y refrigere durante toda la noche. A la mañana siguiente, descarte la grasa (que habrá subido a la superficie) y cuele con una servilleta de papel húmeda. Puede servirlo como consomé, con un chorrito de Jerez y algunos granos de maní, o usarlo como base para cualquier sopa.

Mucha gente prefiere la sopa espesa. Para darle cuerpo y agregar sabor use 1 cucharada de arroz, avena o germen de trigo. Dos yemas de huevo cocido o 3 cucharadas de papa rallada la espesan bastante. Si prefiere usar la harina, disuelva $1^{1}/_{2}$ cucharadas en 3 de sopa. Agregue esta mezcla al recipiente y deje hervir a fuego bajo durante 5 a 10 minutos, revolviendo a menudo.

Para mejorar el sabor de sus sopas, en el momento de servir, puede espolvorear con perejil, berros o albahaca picados. Un poco de crema de leche batida a la que se agreguen algunas hierbas picadas les darán un cierto «no se qué». Algunas hierbas mejorarán el sabor de las sopas deshidratadas en sobre: basta una cucharada para hacer el milagro. Las especias también proporcionan combinaciones interesantes: la pimienta realza los sabores, el cardamomo en cremas, y en sopas de verduras los clavos les conceden un toque diferente y delicioso.

¡Atrévase! Use su imaginación e invente nuevas combinaciones. Los resultados lo deleitarán.

Sopa de papa licuada

1 1/2 papas medianas, peladas
y cortadas en trocitos
1/4 cebolla blanca pequeña
1/2 cda. de mantequilla derretida
1 taza de leche
sal y pimienta al gusto
1 cda. de perejil fresco picado

Cocine las papas en agua con sal, hasta que estén blandas y luego licue con los ingredientes restantes. Hierva la sopa por 10 minutos y sirva con perejil picado.

Crema de coliflor

1 cda. de mantequilla
1 cda. de harina de trigo
1/2 taza de leche mezclada con 1/2 taza
de caldo de gallina
3/4 taza de coliflor cocida en agua
sal y pimienta al gusto

Derrita la mantequilla, mezcle con la harina e incorpore poco a poco la leche con el caldo. Licue esta preparación con 1/2 taza de coliflor. Salpimente y cocine con la coliflor restante, cortada en trocitos. Hierva durante 10 minutos y sirva de inmediato.

Sopa de papa y tomate ✓

1/2 taza de tomate
1/2 cebolla blanca pequeña, picada
2 papas pequeñas
1/2 hoja de laurel
1 1/2 tazas de agua
1/4 cubo de caldo de gallina
sal y pimienta al gusto
1 cda. de mantequilla
1 cda. de arroz cocido

Cocine los tomates con la cebolla, papas y laurel, en el agua. Cuando comience a hervir, agregue el cubo de caldo, sal (si fuera necesario) y pimienta. Deje hervir por 15 minutos. Licue, agregue la mantequilla y el arroz. Caliente y sirva.

Sopa cristalina

1/4 taza de carne molida de res
3 cdas. de aceite
1/4 taza de cebolla blanca picada
1 1/2 tazas de agua caliente
1/2 taza de apio picado
1/4 cdita. de albahaca
1/4 hoja de laurel desmenuzado
1 tomate entero
sal y pimienta al gusto

Fría la carne molida en el aceite, a fuego bajo. Incorpore la cebolla y cocine durante 5 minutos. Añada los ingredientes restantes, excepto el tomate. Deje a fuego alto hasta que comience a hervir. Disminuya el fuego y cocine durante 15 minutos. Agregue el tomate y, si fuera necesario, un poco más de agua. Cocine por 10 minutos.

Crema de zanahoria

$1/2$ taza de zanahoria finamente picada
3 cditas. de mantequilla
$1/4$ taza de agua
$1/4$ cdita. de azúcar
1 cdita. de harina de trigo
sal y pimienta al gusto
1 taza de leche
3 cdas. de crema de leche
2 cdas. de papas fritas de paquete, desmenuzadas

Cocine las zanahorias durante 15 minutos en un recipiente con tapa, con 2 cucharaditas de mantequilla, el agua y el azúcar. Mientras tanto, derrita la mantequilla restante y agregue la harina, sal y pimienta. Revuelva y cocine a fuego medio. Retire del fuego y mezcle con la leche. Deje hervir por 1 minuto, revolviendo a menudo. Licue la mezcla anterior con las zanahorias, añada la crema y caliente, sin dejar hervir. Sirva con papas fritas desmenuzadas.

Sopa de queso

$1/4$ cubo de caldo de res
$1/2$ taza de agua hirviendo
2 cdas. de zanahoria finamente picada
2 cdas. de apio picado
$1/2$ cda. de cebolla blanca, finamente picada
1 cda. de mantequilla
1 cda. de harina de trigo
sal y pimienta al gusto
$1/2$ taza de leche
$1/4$ taza de queso amarillo rallado
1 cda. de perejil fresco picado

Disuelva el cubo de caldo en el agua caliente y agregue las zanahorias y el apio. Tape la olla y cocine durante 10 minutos, a fuego bajo. Aparte, fría la cebolla en la mantequilla hasta que esté transparente, y añada harina, sal, pimienta, leche y la mezcla de caldo. Revuelva hasta que espese, incorpore el queso y deje derretir. Espolvoree encima con perejil picado y sirva de inmediato.

Sopa de fríjol

1 tira de tocineta
$1/2$ taza de fríjol cocido
1 taza de agua fría
$1/2$ cdita. de mantequilla derretida
$1/2$ cdita. de harina de trigo
sal y pimienta al gusto

Fría la tocineta y mezcle con los fríjoles y el agua. Hierva hasta que los fríjoles se comiencen a deshacer, retire del fuego y licue. Si no desea una sopa muy espesa, puede agregar más agua. Mezcle la mantequilla con la harina e incorpore a la sopa, revolviendo a menudo. Salpimente, deje hervir durante 5 minutos y sirva.

Sopa campesina de repollo

$1/2$ taza de repollo cortado en tiras
$1/2$ zanahoria pequeña picada
$1/2$ papa mediana picada
1 pizca de azúcar
sal y pimienta al gusto
1 taza de agua
$1/4$ taza de leche
1 cdita. de mantequilla

Mezcle las verduras con el azúcar, sal, pimienta y agua. Deje hervir hasta que el repollo esté tierno. Vierta la leche. En el momento de servir, adicione la mantequilla.

Sopa de auyama

3/4 taza de auyama
1 1/2 tazas de agua
1/2 cubo de caldo de gallina
1 diente de ajo pequeño
sal y pimienta al gusto
1 tajada de queso doble crema

Cocine la auyama y luego licue con el agua, el cubo de caldo, el diente de ajo, sal y pimienta. Coloque en un recipiente y deje hervir por 7 minutos. Coloque el queso en el fondo de un plato y vierta encima la sopa. Sirva de inmediato.

Crema de brócoli

1 1/4 tazas de brócoli cocido
1 1/2 tazas de agua
1/4 cubo de caldo de gallina
1 cda. de harina de trigo
2 cdas. de leche fría
gotas de jugo de limón
1 cda. de maní picado

Licue 1 taza de brócoli con el agua y el cubo de caldo y deje hervir. Cuando suelte el hervor, incorpore la harina disuelta en la leche y revuelva a menudo durante 7 minutos. Agregue el jugo de limón y sirva con el brócoli restante y el maní picado.

Crema de alcachofa

1 alcachofa grande
1 taza de agua
1/4 cubo de caldo de carne
3 cdas. de leche

Cocine la alcachofa en suficiente agua durante 45 minutos, hasta que esté blanda. Deje enfriar un poco, separe las hojas y reserve el corazón. Licue las hojas con el cubo de caldo y el agua (puede agregar un poco más, si fuera necesario). Vierta la leche y ponga al fuego. Cuando hierva, revuelva a menudo durante 5 minutos. Añada el corazón picado y sirva.

Caldito mexicano ✓

1 1/2 tazas de agua
1/4 cubo de caldo de gallina
1 tomate pelado, sin semillas
2 cdas. de cebolla larga picada
1/4 aguacate pequeño cortado en trocitos
1 cda. de cilantro fresco picado
1 pizca de ají (opcional)
sal y pimienta al gusto

Hierva el agua y luego agregue el cubo de caldo. Mezcle los ingredientes restantes y adicione al caldo. Sirva con pan francés.

Sopa francesa de cebolla

3/4 taza de puerros cortados en rodajas
4 cdas. de aceite
2 cdas. de mantequilla
2 1/4 tazas de agua
1/3 cubo de caldo de res
2 tajadas de pan francés, tostadas
2 tajadas de queso amarillo

Fría los puerros en una mezcla de aceite y mantequilla, hasta que estén muy dorados (casi quemados). Hierva el agua, agregue el cubo de caldo y mezcle con los puerros. Deje hervir por 20 minutos. Cubra un plato con el pan y el queso y vierta encima el caldo. Sirva de inmediato.

Sopa de lenteja

1 1/2 tazas de agua
1/4 cubo de caldo de res
1/4 taza de lenteja cocida
1/4 cebolla blanca picada
sal y pimienta al gusto
queso Parmesano

Licue el agua con el cubo de caldo y las lentejas. Agregue la cebolla y coloque al fuego. Deje hervir por 7 minutos y sazone con sal y pimienta. Sirva espolvoreada con queso Parmesano.

Sopa de tomate

3 tomates medianos, maduros y cocidos
1/2 taza de agua
1/4 cubo de caldo de res
1 diente de ajo pequeño
1 cda. de cebolla blanca picada
1 cda. de albahaca
1 cda. de crema de leche

Licue los tomates con el agua, el cubo de caldo, ajo y cebolla. Cuele la mezcla, agregue la albahaca y deje hervir por 10 minutos. Sirva con la crema.

Sopa de yuca

1/2 taza de yuca cocida
1 1/2 tazas de agua
1/2 cubo de caldo de res
2 huevos revueltos (V. pág. 27)
1 cda. de crema de leche
1 cda. de perejil fresco picado

Licue la yuca con el agua y el cubo de caldo; deje hervir a fuego bajo por 10 minutos. Disponga los huevos en el fondo de un plato, cubra con la crema y vierta encima la sopa. Sirva espolvoreada con perejil picado.

Caldo de papa

2 tazas de agua
1/3 cubo de caldo de res
1 papa pelada, cortada en trocitos
1 diente de ajo pequeño
1 cda. de cebolla blanca picada
2 cdas. de cilantro fresco picado

Hierva los cinco primeros ingredientes durante 25 minutos. Sirva el caldo espolvoreado con cilantro.

Sopa de pescado

1/2 cebolla blanca, rallada
1/4 taza de leche
1 taza de caldo de gallina
1 papa cortada en cubos
1/4 lb de pescado blanco, cortado en trozos
sal y pimienta al gusto

Mezcle la cebolla con la leche y deje reposar durante 1/2 hora. Agregue los ingredientes restantes. Hierva hasta que el pescado esté blando. Sirva de inmediato.

Crema de ostra

1/2 taza de leche
1/2 taza de crema de leche
1 lata pequeña de ostras (6 ostras)
2 cdas. de mantequilla
sal y pimienta al gusto
1 pizca de paprika

Mezcle la leche con la crema y caliente sin dejar hervir. Cocine las ostras con la mantequilla en otro recipiente, hasta que la mantequilla se derrita. Vierta esta mezcla sobre la leche con la crema. Agregue sal, pimienta y paprika. Sirva muy caliente.

Sopa de pollo con maní

1 cda. de mantequilla
1 cda. de harina de trigo
1 taza de caldo de gallina
2 cdas. de maní picado
1/4 taza de crema de leche
1 yema de huevo batida
sal y pimienta al gusto

Derrita la mantequilla y mezcle con la harina hasta formar una pasta. Bata con el caldo, incorporándolo poco a poco. Adicione el maní y la crema. En el momento de servir, incorpore la yema, sal y pimienta, sin dejar de revolver. Sirva de inmediato.

Crema de coliflor

1/4 coliflor mediana separada en flores
1/4 puerro grande (sólo parte blanca), cortado en trozos
1 taza de caldo de gallina
1 cda. de mantequilla
1 cdita. de harina de trigo
1/4 taza de leche tibia
1 cda. de queso amarillo rallado
sal y pimienta al gusto
1 cdita. de perejil fresco picado

Hierva la coliflor y el puerro con el caldo, hasta que estén blandos. Deje enfriar y licue. Derrita la mantequilla y revuelva con la harina. Adicione la leche y el queso, hasta obtener una pasta suave. Incorpore la mezcla de coliflor y puerro; sazone con sal y pimienta. Si está muy espesa, puede agregar más leche. Sirva de inmediato con perejil.

Caldo chino de florecitas

1 taza de caldo de gallina
1 huevo bien batido
1 cdita. de salsa de soya
1 cdita. de vinagre blanco
1 cdita. de cebolla blanca finamente picada
sal y pimienta al gusto

Deje hervir el caldo y luego incorpore el huevo, poco a poco, sin dejar de revolver. Agregue los ingredientes restantes, excepto, la cebolla. Sazone con sal y pimienta. Cuando comience a hervir, sirva de inmediato, salpicado con la cebolla.

Sopa griega de limón

1 taza de caldo de gallina
1/4 taza de pollo cocido
2 cditas. de arroz cocido
1 huevo pequeño, bien batido
gotas de jugo de limón
1 cdita. de perejil fresco picado
sal y pimienta al gusto

Hierva el caldo con el pollo y el arroz. Bata el huevo con el jugo de limón y agregue un poco de caldo caliente. Vierta esta mezcla en la sopa, poco a poco, para evitar la formación de grumos. Espolvoree con el perejil, sal y pimienta. Sirva de inmediato.

Sopa de pepino al estilo iraní

1 yogur natural sin dulce
1/2 pepino cohombro mediano, pelado y rallado
1/2 taza de agua
sal y pimienta al gusto
2 cdas. de uvas pasas
1 cda. de alcaparras
1 huevo duro cortado en cascos

Bata el yogur con el pepino hasta obtener una pasta suave. Incorpore el agua hasta que la mezcla tenga una consistencia cremosa. Salpimente y agregue las uvas pasas y las alcaparras. Refrigere y en el momento de servir, agregue el huevo.

Sopa fácil de cebolla

1 cda. de mantequilla
1/2 taza de cebolla cortada en rodajas
y separada en anillos
2 dientes de ajo picados
1 1/4 tazas de caldo de gallina

Derrita la mantequilla y fría la cebolla. Agregue los ajos y el caldo. Deje hervir por 20 minutos.

Sopa fría de aguacate

1/2 aguacate pelado y deshuesado
1 taza de caldo de gallina frío
1/4 taza de leche
1 cdita. de mayonesa
gotas de jugo de limón
sal y pimienta al gusto
1 cdita. de alcaparras

Licue el aguacate con el caldo y la leche hasta obtener una mezcla suave. Agregue la mayonesa, jugo de limón, sal y pimienta. Si la sopa está muy espesa, puede agregar más leche. Enfríe durante 2 a 3 horas y sirva salpicada con alcaparras.

Sopa de arroz

1/4 taza de arroz
1 taza de agua
1/4 cubo de caldo de gallina
sal y pimienta al gusto
cebollín picado al gusto
1 diente de ajo pequeño

Cocine el arroz en el agua. Cuando comience a hervir, incorpore el caldo, sal y pimienta. Deje hervir por 40 minutos. Sirva con los cebollines y el ajo.

Gazpacho

1 taza de jugo de tomate
1/2 cdita. de caldo instantáneo
1 tomate cortado en trozos
1 cda. de pepino cohombro cortado en cubitos
1 cda. de pimiento rojo cortado en cubitos
1 cda. de pimiento verde cortado en cubitos
1 cdita. de cebolla blanca, picada
1 cdita. de vinagre de vino
1/2 cdita. de aceite de oliva
sal al gusto
3 o 4 gotas de salsa Perrin's

Hierva el jugo de tomate y luego agregue el caldo instantáneo; revuelva hasta disolver por completo. Agregue los ingredientes restantes y refrigere durante 2 o 3 horas.

Crema de espinaca

1 cda. de mantequilla
1/2 cebolla blanca picada
1 tallo de apio
1 diente de ajo pequeño
1/2 taza de espinaca
1 taza de caldo de gallina
1/2 papa pequeña cortada de cubitos
1/4 taza de crema de leche
sal y pimienta al gusto

Derrita la mantequilla, agregue la cebolla, apio y ajo. Cocine a fuego bajo hasta que el apio esté blando. Añada la espinaca, el caldo y la papa y cocine durante 15 minutos; deje enfriar un poco. Licue y agregue la crema. Coloque de nuevo al fuego y caliente sin dejar hervir. Sazone con sal y pimienta. Sirva de inmediato.

Huevos

**Platos con
carnes frías
hierbas
especias
mantequilla
verduras**

El huevo, como el pollo, es un alimento universal. Los pensadores se preguntan si vino primero el huevo o la gallina, y tienen toda clase de respuestas para esta pregunta, que no son objeto de este libro. Pero sí es cierto que en el mundo se consumen más de 200 mil millones de huevos al año.

Un cocinero, con o sin experiencia, depende más de los huevos que de cualquier otro ingrediente culinario. Su versatilidad es casi mágica: transforman las masas de los ponqués, dan cuerpo a las salsas, son esenciales para las tortas. Dos huevos fritos sobre un plato de arroz blanco solucionan una comida, son nutritivos y satisfacen el apetito.

El huevo contiene un 12% de proteínas, 12% de grasas (en su mayoría en la yema) y 74% de agua. Un huevo de 60 gramos proporciona 90 calorías; es una buena fuente de hierro y vitaminas A y D.

El hecho de que la cáscara sea amarilla o blanca no cambia para nada su valor nutritivo. Si quiere saber si los huevos están frescos, sumérjalos en un recipiente hondo, lleno de agua. Los que floten estarán pasados y no deben utilizarse. Si el huevo está fresco, al abrirlo la yema se situará en el centro; si es viejo, ésta se romperá. Tenga en cuenta que un huevo se mantiene fresco por 12 días a temperatura ambiente y por 3 semanas en la nevera. Al guardarlos, páseles un trapo pero no los lave. La sabia naturaleza les ha proporcionado una película que protege la cáscara porosa contra la entrada de bacterias.

Sugerencias para preparar huevos

Huevos tibios

Método del agua fría: coloque los huevos en una ollita y cúbralos con agua fría. Deje hervir y cuando suelte el hervor, retire del fuego. Deje reposar por 1 a 3 minutos. Páselos de inmediato por agua fría, para evitar que se sobrecocinen.

Método del agua hirviendo: coloque los huevos en agua tibia, para evitar que se quiebren. En otro recipiente, hierva suficiente agua y retire del fuego. Con una cuchara de madera, pase los huevos del agua tibia al agua hirviendo, y deje reposar por 6 a 8 minutos, de acuerdo con el grado de cocción deseado. Páselos de inmediato por agua fría, para evitar que se sobrecocinen.

Huevos duros

Método del agua fría: coloque los huevos en una olla pequeña y cúbralos con suficiente agua. Cuando suelte el hervor, retire del fuego y deje reposar por 22 a 24 minutos. Páselos en seguida por agua fría y pele.

Método del agua hirviendo: coloque los huevos en un recipiente con agua tibia para evitar que se quiebren. Hierva agua en una olla pequeña y retire del fuego. Con una cuchara de madera, pase los huevos del agua tibia al agua hirviendo. Reduzca el fuego y cocine durante 20 minutos. Retire y pase de inmediato por agua fría; pele.

Huevos pochés

En una sartén, caliente 5 cm de agua. Reduzca el fuego y deje hervir en bajo. Parta los huevos en una taza medidora y vierta con cuidado en el agua hirviendo. Cocine por 3 a 5 minutos. Levante los huevos con una espátula y sazone con sal y pimienta. Para preparar los huevos *pochés* puede usarse caldo o leche en remplazo del agua. Son ideales para la dieta.

Huevos fritos

En una cacerola, caliente suficiente mantequilla para cubrir el fondo. Parta cada huevo dentro de la cacerola y reduzca el fuego. Cocine a fuego bajo hasta que la yema y la clara cuajen. Sazone con sal y pimienta.

Huevos revueltos

Para una persona, parta 2 huevos en un recipiente pequeño y agregue 2 cucharadas de leche o crema, un poco de sal y una pizca de pimienta. Bata con tenedor, hasta que la mezcla esté de color amarillo uniforme. Derrita $1/2$ cucharada de mantequilla en una cacerola y vierta la mezcla de huevo. Cuando empiece a cuajar, levante con cuidado las porciones cocidas, de manera que las crudas fluyan al fondo. Cocine por 3 a 5 minutos (los huevos deben quedar húmedos).

Huevos en nido

2 huevos separados
sal y pimienta al gusto
1 cda. de queso Parmesano rallado

Precaliente el horno a 180°C (350°F). Bata las claras hasta que estén duras y brillantes. Colóquelas en una refractaria y abra dos huecos equidistantes; en éstos coloque las yemas enteras. Rocíe con sal, pimienta y queso Parmesano; hornee hasta que cuajen.

Huevos sobre tostadas

1/2 cdita. de mantequilla
1 cdita. de aceitunas deshuesadas, picadas
2 huevos enteros
sal y pimienta al gusto
1 tostada untada con mantequilla
1 cda. de salsa de tomate

Precaliente el horno a 165°C (325°F). Engrase una refractaria individual con la mantequilla y cubra el fondo con las aceitunas. Parta los huevos encima y sazone con sal y pimienta. Cocine los huevos al baño maría, hasta que cuajen. Dispóngalos sobre la tostada y cubra con salsa de tomate.

Huevos para los domingos

2 huevos grandes, ligeramente batidos
2 tajadas gruesas de pan francés fresco, cortadas en cubitos
1/4 taza de jamón cocido cortado en cubos
1/4 taza de leche
1/4 taza de queso amarillo rallado
1/4 cdita. de mostaza
sal y pimienta al gusto

Mezcle todos los ingredientes y coloque en una refractaria engrasada. Refrigere, mínimo por 12 horas. Hornee a 180°C (350°F) durante 1/2 hora, hasta que tenga consistencia y dore por encima.

Huevos rancheros

1 cda. de cebolla blanca picada
1 cda. de aceite de oliva
1 tomate mediano, pelado y cortado en cubitos
1 cdita. de orégano fresco picado
sal y pimienta al gusto
2 huevos

Precaliente el horno a 205°C (400°F). Fría la cebolla en el aceite hasta que esté transparente. Agregue el tomate, orégano, sal y pimienta. Cocine a fuego bajo durante 10 minutos. Coloque en una refractaria engrasada y parta los huevos sobre la salsa. Hornee durante 15 minutos.

Huevo relleno a la manera del gurú

1 huevo duro pelado, cortado a lo largo en mitades
1 cda. de yogur natural sin dulce
3 o 4 gotas de jugo de limón
sal y pimienta negra recién molida

Retire las yemas de las mitades de huevo y colóquelas en un recipiente pequeño con el yogur y el jugo de limón. Salpimente y bata bien hasta obtener una pasta suave. Rellene la clara de huevo con la pasta.

Entradas

Platos con
carnes frías
huevos
quesos
verduras

Las entradas son frecuentes en las comidas elegantes con muchos platos y lujosa cristalería, en donde un buen vino pone «el toque de distinción» y en las que la sobremesa, acompañada por un aromático café, hace el deleite de los comensales. Las entradas son, entonces, abrebocas, preparaciones para lo que vendrá. Por eso mismo no son demasiado abundantes, ya que su intención no es satisfacer el apetito, sino preparar el paladar. Como regla general, son muy atractivas a la vista, de hermoso colorido y excelente preparación, para comprobar, una vez más, que en la culinaria también se tiene en cuenta la estética.

Uno de los objetivos de este libro es enseñar a cocinar para nosotros mismos con amor: un exquisito plato es el mejor regalo que podemos darnos. Hemos incluido entradas de exquisito sabor y fácil preparación. En muchas predominan los quesos y verduras, vieja tradición culinaria. Escoja la que más le guste y comience la comida de la mejor manera. Permita que los suaves acordes de un concierto invadan la estancia. La *Segunda Sinfonía* de Beethoven podría ser una buena elección. Su alegría lo contagiará.

Queso frito

2 tajadas gruesas de queso doble crema
1 huevo batido
3/4 taza de miga de pan
3 cdas. de aceite

Reboce ambos lados del queso en el huevo y luego en la miga de pan. Fría a fuego bajo en aceite caliente, y escurra sobre servilleta de papel. Sirva de inmediato.

Bolitas de ajonjolí

1/2 taza de queso crema
1 diente de ajo picado
1 cda. de perejil fresco picado
1 cda. de alcaparras
2 cdas. de semillas de ajonjolí tostadas
sal y pimienta al gusto

Mezcle todos los ingredientes, excepto las semillas de ajonjolí y forme una bolita. Refrigere por varias horas. Cubra con semillas de ajonjolí por todos lados. Sirva con galletas saladas.

Pizza rápida

1 pan árabe (pita)
1/4 taza de queso doble crema rallado
1 tomate grande maduro, pelado
y cortado en trozos
1 tajada de jamón cortada en cubitos
1/4 cdita. de orégano; 3 aceitunas rellenas

Precaliente el horno a 180°C (350°F). Disponga el pan sobre una lata pequeña; cubra con queso rallado y coloque encima el tomate y el jamón. Salpique con orégano y decore con aceitunas. Hornee durante 15 minutos o hasta que el queso se derrita. Sirva de inmediato.

Emparedados calientes

1 trozo de queso doble crema
2 rebanadas de salami o mortadela
2 tajadas de pan integral, sin corteza
1 huevo separado
2 cdas. de margarina
1 cdita. de aceite

Coloque el queso y el salami dentro del pan. Bata la clara de huevo a punto de nieve y agregue la yema. Reboce el emparedado en esta mezcla y fría en la margarina y el aceite a fuego bajo por ambos lados, hasta dorar. Sirva de inmediato.

Pan relleno

1 pan mediano
1/2 taza de queso crema
5 aceitunas rellenas
1 cdita. de perejil fresco picado

Corte el extremo del pan y retire la miga. Mezcle el queso con las aceitunas y el perejil; rellene el pan y refrigere por unas horas. Corte en tajadas y sirva.

Arepas sincronizadas

2 arepas delgadas
2 tajadas de jamón cocido
2 tajadas de queso cremoso
1/2 aguacate mediano, pelado y deshuesado
1 cdita. de jugo de limón
sal al gusto

Coloque el queso y el jamón entre las 2 arepas y ase hasta que el queso se derrita. Prepare un puré con el aguacate. Mezcle con el limón y sal. En el momento de servir, cubra las arepas con el puré de aguacate y sirva.

Apio relleno

1 tallo de apio
2 cdas. de queso crema
1/2 cda. de pepinillos en vinagre
sal y pimienta al gusto

Retire las venas del tallo de apio y parta en dos a lo ancho. Ablande el queso crema y mezcle con los pepinillos, sal y pimienta. Rellene el apio con la mezcla y sirva.

Huevo relleno

1 huevo duro cortado en mitades, a lo largo
1/2 cda. de crema de leche
1 cdita. de mayonesa
1/2 cdita. de mostaza
sal y pimienta al gusto

Retire la yema del huevo y mézclela con la crema, mayonesa, mostaza, sal y pimienta. Rellene la clara con esta mezcla y sirva.

Aguacate relleno con camarones

1/2 aguacate mediano, pelado, deshuesado y rociado con jugo de limón
1 cda. de mayonesa
1 cdita. de salsa de tomate
1/4 cdita. de jugo de limón
sal y pimienta al gusto
1/2 taza de camarones cocidos

Mezcle la mayonesa con la salsa de tomate, el jugo de limón, sal y pimienta. Incorpore los camarones y rellene el aguacate. Sirva de inmediato o refrigere.

Barquillos de mortadela

2 cdas. de requesón
1 cdita. de alcaparras
2 tajadas de mortadela
1 manzana roja mediana con cáscara, cortada en finas tajadas

Mezcle el requesón con las alcaparras y unte las tajadas de mortadela, dando forma de barquillos. Sirva decorado con la manzana.

Tomate de María Eugenia

1 tomate grande bien maduro
1 cdita. de tomillo
2 cditas. de mantequilla, cortada en trocitos
sal y pimienta al gusto

Precaliente el horno a 180°C (350°F). Parta el tomate en dos y salpique encima con el tomillo, mantequilla, sal y pimienta. Hornee durante 1/2 hora y sirva.

Tomate al horno

1 tomate grande
1 huevo separado
1/4 taza de miga de pan
2 cditas. de queso amarillo rallado
1 cdita. de mantequilla derretida
sal y pimienta al gusto

Precaliente el horno a 180°C (350°F). Corte la parte superior del tomate, retire la pulpa y píquela. Mezcle la yema de huevo con la miga de pan, el queso, sal y pimienta. Bata la clara a punto de nieve e incorpore a la mezcla anterior. Rellene el tomate con la mezcla, salpique con la mantequilla y hornee por 15 minutos. Sirva caliente.

Salchichas sorpresa

2 salchichas Frankfurt
1 gaseosa de cola

Hierva las salchichas en la gaseosa hasta que ésta casi se evapore. Se pueden servir frías o calientes.

Alcachofas Juliana

1 alcachofa grande
4 cdas. de mayonesa
2 cdas. de salsa de tomate
gotas de jugo de limón
sal y pimienta al gusto

Cocine la alcachofa en suficiente agua durante 45 minutos. Deje enfriar, retire las hojas con cuidado y acomódelas alrededor del corazón. Mezcle la mayonesa con los ingredientes restantes para preparar una salsa que se sirve con la alcachofa.

Champiñones al vino

1/4 lb de champiñones frescos
2 cdas. de mantequilla
1/2 cda. de harina de trigo
2 cdas. de perejil fresco picado
1/4 taza de caldo de gallina
2 cdas. de vino tinto

Fría los champiñones en la mantequilla durante 5 minutos; agregue la harina, el perejil y el caldo. Cocine por 10 minutos. Por último, adicione el vino. Este plato puede servirse frío o caliente.

Bocaditos de cebolla

2 cdas. de queso amarillo rallado
1 cda. de mayonesa
1 cda. de crema de leche
2 cdas. de cebolla blanca finamente picada
1 tostada de pan

Precaliente el horno a 220°C (425°C). Mezcle los cuatro primeros ingredientes y unte la tostada. Hornee por 5 minutos y sirva caliente.

Pescados y mariscos

Platos con
frutas
granos
hierbas
especias
quesos
vino

El pescado es nutritivo, sano y delicioso, pero tiene un grave inconveniente: se altera con gran facilidad. Para evitarlo se sala, ahuma o congela, lo que no altera sus propiedades nutritivas, pero sí su sabor. Nada como un apetitoso pescado frito recién salido del mar. Un lujo que los que viven lejos de las costas no pueden darse.

El pescado blanco contiene muchas proteínas y pocas grasas: 100 gramos proporcionan sólo 70 calorías. Las proteínas de los pescados son completas y como las de aves y carnes contienen la mayoría de los aminoácidos esenciales, pero a diferencia de éstas, su grasa es poliinsaturada.

Los pescados magros son más sanos para la salud. Prefiera el róbalo, la merluza y el bacalao. Su carne firme hará las delicias de su paladar. Los grasos son exquisitos y muy populares a todo lo ancho y largo del globo. Sobresalen el salmón, el atún y el arenque, ricos en vitaminas A y D, necesarias para huesos y dientes sanos y para proporcionar al organismo defensas contra las enfermedades.

Pero no sólo el mar nos regala sus frutos. Los pescados de agua dulce también son deliciosos. Por ejemplo, el sabor de la trucha no puede igualarse. Su fina carne combina bien con las hierbas y es un lujo que debemos darnos de vez en cuando.

Róbalo agridulce

1 filete de róbalo, cortado en cubitos
1 huevo batido
1/4 taza de harina de trigo
3 cdas. de aceite

Salsa

1 cda. de fécula de maíz
1/2 taza de azúcar morena
1/3 taza de vinagre
6 cdas. de jugo de piña
2 cditas. de salsa de soya

Reboce el filete de róbalo primero en el huevo y después en la harina. Fría en aceite bien caliente. Para preparar la salsa: mezcle la fécula con el azúcar y los ingredientes restantes. Deje hervir, revolviendo a menudo, durante 10 minutos. Cubra el pescado con la salsa y sirva de inmediato.

Filete de róbalo al maní

1 filete de róbalo
1 cdita. de jugo de limón
1/4 taza de mayonesa
1/2 cda. de mostaza
2 cdas. de maní o almendras
1 cda. de alcaparras
sal y pimienta al gusto

Precaliente el horno a 190°C (375°F). Disponga el pescado en una refractaria panda y cubra con el jugo de limón, mayonesa, mostaza, maní, alcaparras, sal y pimienta. Hornee de 20 a 30 minutos.

Molde de pescado y queso

1 tomate pequeño
1 filete de róbalo
1 diente de ajo triturado
1 cda. de cebolla blanca, finamente picada
1 cda. de jugo de limón
sal y pimienta al gusto
1 cda. de miga de pan
2 cdas. de nueces o maní, picados
2 cdas. de crema de leche
1 cda. de perejil fresco picado
1 cda. de mantequilla

Precaliente el horno a 180°C (350°F). Pase el tomate por agua caliente, pele y retire las semillas. Engrase un molde pequeño y coloque el pescado, frotado con el ajo y la cebolla. Rocíe con el jugo de limón, sal y pimienta. Cubra en el siguiente orden con: miga de pan, nueces, crema, perejil y mantequilla. Hornee durante 30 minutos, o hasta que esté tierno.

Molde de pescado

1 filete de róbalo
1/4 cebolla blanca pequeña, finamente picada
1/4 cdita. de albahaca
1 hoja de laurel
1 pizca de tomillo
1 grano de pimienta
sal al gusto
1 tomate pelado y sin semillas
1/2 cdita. de jugo de limón
1/4 taza de arvejas precocidas
1/2 zanahoria pequeña cocida

Precaliente el horno a 180°C (350°F). Cocine el pescado con la cebolla, hierbas, pimienta y sal. Una vez cocido, agregue el tomate, jugo de limón, arvejas y la zanahoria. Disponga en un molde engrasado y hornee durante 30 minutos.

Molde de atún con arroz

2 cdas. de margarina o mantequilla
2 cdas. de cebolla blanca picada
1/4 taza de ajo picado
2 cdas. de harina de trigo
1/2 cdita. de curry en polvo
3/4 taza de leche
1/2 lata de atún
sal al gusto
1 cda. de alcaparras
3/4 taza de arroz cocido

Precaliente el horno a 180°C (350°F). Derrita la mantequilla y sofría la cebolla y el ajo durante 3 minutos. Adicione la harina y el curry; cocine a fuego medio durante 3 minutos. Revuelva con la leche, hasta obtener una salsa suave. Incorpore el atún, sal y alcaparras. Cubra el fondo y los lados de una refractaria pequeña engrasada con el arroz y en el centro la mezcla de atún. Hornee durante 1/2 hora. Sirva de inmediato.

Atún o salmón escalfado

1 lata de atún o salmón, o al gusto
1 cebolla blanca pequeña, picada
1/2 zanahoria pequeña, cortada en cubitos
1 cdita. de perejil fresco picado
1 clavo de olor
1 hoja de laurel
2 granos de pimienta
sal al gusto
1 cda. de jugo limón o vinagre

Salsa

1/2 cda. de mantequilla
1 cda. de harina de trigo
sal y pimienta al gusto
1 trozo pequeño de cebolla larga
1/2 taza de leche

Envuelva el atún (o salmón) en una tela y ate bien. Coloque los ingredientes restantes en agua hirviendo, y luego sumerja el pescado. Deje hervir por 10 minutos. Retire y reserve caliente. Para preparar la salsa: derrita la mantequilla a fuego bajo y revuelva con la harina, sal y pimienta. Adicione el trozo de cebolla y la leche. Revuelva hasta espesar. Retire la cebolla y sirva sobre el pescado.

Pescado al romero al estilo Paula

1/4 taza de agua
1 taza de romero
1 filete de pescado blanco (por ejemplo, lebranche)
sal al gusto

Hierva el agua y agregue el romero. Encima coloque el pescado y rocíe con sal. Tape y cocine a fuego alto, aproximadamente por 15 minutos. Es un plato delicioso, lleno de sabor, especial para dietas.

Ensalada de pescado

1 filete de pescado blanco (por ejemplo lebranche)
1/4 cdita. de romero
1 ajo pequeño, finamente picado
1/4 taza de mayonesa
1/4 taza de apio picado
2 cdas. de pepinillos encurtidos en vinagre
1 cdita. de jugo de limón
sal al gusto
sal de cebolla
1 huevo duro cortado en rodajas

Prepare el pescado siguiendo las indicaciones de la receta anterior. Deje enfriar y desmenuce. Mezcle los ingredientes restantes, excepto el huevo; refrigere. Sirva decorado con las rodajas de huevo.

Pâté de pescado

1 cda. de mantequilla
¼ lb de filete de róbalo, cortado en trocitos
1 diente de ajo, triturado en el jugo de ½ limón
2 cdas. de miga de pan
2 cdas. de crema de leche
sal y pimienta al gusto

Precaliente el horno a 180°C (350°F). Derrita la mantequilla y fría el pescado durante 5 minutos. Agregue el ajo y el jugo de limón. Cocine a fuego bajo hasta que el pescado casi se deshaga. Retire del fuego e incorpore la miga de pan, crema, sal y pimienta. Disponga la mezcla en una refractaria pequeña engrasada y hornee durante ½ hora. Deje enfriar y sirva sobre tostadas o galletas saladas.

Tortas de atún

½ lata de atún
¼ taza de leche
¼ taza de puré de papa
1 huevo pequeño, separado
sal y pimienta al gusto
¼ taza de miga de pan
1 cdita. de aceite
1 cda. de mantequilla
1 cda. de perejil fresco picado

Cubra el pescado con la leche y deje hervir a fuego bajo durante 15 minutos. Mezcle luego con el puré de papa, la yema de huevo, sal y pimienta, hasta obtener una masa. Dé forma de deditos y sumérjalos en la clara batida; reboce luego en la miga de pan y fría en la mantequilla con el aceite. Sirva con perejil picado y salsa de mostaza (V. pág. 89).

Trucha rellena

1 trucha mediana
2 cdas. de mantequilla
¼ cebolla blanca pequeña, picada
2 cdas. de champiñones picados
2 cdas. de perejil fresco picado
1 diente de ajo pequeño picado
sal y pimienta al gusto
1 rodaja delgada de limón

Coloque la trucha sobre un trozo grande de papel aluminio, suficiente para envolverla por completo. Derrita 1 cucharada de mantequilla y sofría la cebolla, hasta que esté transparente. Agregue los champiñones, perejil, ajo, sal y pimienta. Rellene la trucha con esta mezcla y vierta encima los jugos que quedaron al freír. Coloque encima la rodaja de limón y 1 cucharada de mantequilla. Envuelva y hornee durante ½ hora.

Róbalo para príncipes ✓

1 cda. de aceite
1 cebolla roja pequeña, finamente picada
1 tomate maduro pequeño, pelado
y cortado en trozos
1 diente de ajo pequeño
1 hoja de laurel
1 pizca de tomillo
½ cdita. de salsa de ají (opcional)
½ taza de agua
1 filete de róbalo
sal y pimienta al gusto

Caliente el aceite y sofría la cebolla hasta que esté tierna. Agregue el tomate, ajo, laurel, tomillo, salsa de ají y agua. Tape y deje hervir a fuego bajo por 10 minutos. Incorpore el pescado y hierva hasta que esté blando. Salpimente y sirva.

Pescado al estilo mediterráneo

1 filete de pescado (por ejemplo, róbalo o lebranche)
1 rodaja de pepino cohombro pelado
1/2 taza de agua
sal y pimienta al gusto
1/2 cebolla roja pequeña, cortada en rodajas
2 cdas. de mantequilla
1 cda. de harina de trigo
1/4 taza de leche
1/4 taza de champiñones
1 tomate grande pelado y cortado en rodajas
1/4 taza de queso amarillo rallado

Precaliente el horno a 180°C (375°). Cocine el pescado y el pepino en agua con sal y pimienta. Retire del fuego apenas esté blando y desmenuce. Reserve el caldo. Sofría la cebolla en 1 cucharada de mantequilla, revuelva con la harina y agregue la leche; deje hervir. Adicione 1/2 taza de caldo, el pescado, pepino y champiñones. Sofría el tomate en el resto de mantequilla hasta obtener un puré espeso. Disponga el pescado en una refractaria pequeña engrasada, cubra con el tomate y esparza encima el queso rallado. Hornee hasta que el queso se derrita.

Camarones al vino

2 cdas. de mantequilla
1 diente de ajo pequeño
1/4 lb de camarones limpios, crudos
1/4 taza de vino blanco
3 cdas. de perejil fresco picado
sal y pimienta al gusto
2 tostadas de pan

Derrita la mantequilla y fría el ajo. Incorpore los camarones y cocine por 5 minutos. Añada el vino y el perejil; cocine a fuego muy bajo por 5 minutos. Salpimente y sirva sobre las tostadas.

Ceviche peruano

1/2 lb de róbalo
1/2 taza de jugo de limón
1/4 taza de cebolla blanca cortada en rodajas y separadas en anillos
1 chile pequeño, cortado en tiras
sal y pimienta al gusto
1 pizca de orégano

Disponga el pescado en una refractaria honda y marine en una mezcla de los ingredientes restantes. Refrigere mínimo por 3 horas, antes de servir.

Merluza apanada

1 huevo
sal y pimienta al gusto
1 filete de merluza
1/4 taza de miga de pan
1 limón cortado en cascos

Bata el huevo con sal y pimienta. Reboce la merluza en esta mezcla y luego en la miga de pan. Fría en aceite bien caliente, por ambos lados. Sirva con cascos de limón.

Aves

Platos con
frutas
granos
hierbas
especias
quesos
verduras

Pollo

Descendiente del ave selvática de la India, el pollo ha viajado mucho para llegar hasta nuestra mesa. Sin lugar a dudas, es un ciudadano universal, popular en cualquier país del mundo. Amo de las mil caras, hay muchísimas formas de prepararlo; su versatilidad es inimaginable.

Cuando el pollo se mata muy joven -de unas 3 semanas- resulta bastante insípido. El sabor ideal lo tiene a los 3 meses, cuando pesa 1 $1/2$ kilos.

100 gramos de pollo proporcionan cerca de 200 calorías y su composición nutricional es :

agua:	63%
proteínas:	20%
vitamina A y minerales:	1%
hidratos de carbono:	0
fibra:	0

Para una persona, la forma ideal es comprar pollo despresado. Si no lo va a usar de inmediato, debe congelarlo para evitar que se descomponga.

Pollo en salsa de piña

1 muslo de pollo
1 cda. de mantequilla
1 cda. de aceite vegetal
$1/4$ taza de salsa de soya
2 cdas. de mermelada de piña
$1/4$ taza de agua

Dore el pollo en una mezcla de mantequilla y aceite. Mientras tanto, combine la salsa de soya con la mermelada y el agua. Cubra el pollo con esta salsa y cocine tapado, hasta que esté tierno.

Ensalada de pollo al estilo Pekín

1/2 taza de requesón
1 pechuga de pollo cocida y cortada en trozos
1 rodaja de piña cortada en trozos
2 hojas de lechuga
4 uvas negras, peladas y sin semillas

Combine los 3 primeros ingredientes. Sirva la ensalada sobre hojas de lechuga y decore con las uvas.

Ensalada de pollo y queso

1 pechuga de pollo
sal al gusto
1/2 cebolla blanca pequeña, picada
1 diente de ajo pequeño
1 hoja de laurel
1 pizca de tomillo
2 hojas de lechuga
1/4 taza de mayonesa
1 cdita. de salsa de tomate
1 tajada de queso blanco
1 tajada de queso amarillo
1 tajada de mortadela o jamón de pollo
1 salchicha cocida cortada en trozos
1 tallo de apio cortado en trocitos

Cubra la pechuga con suficiente agua y cocine con sal, cebolla, ajo y hierbas. Deje enfriar y deshilache la carne. Lave bien las hojas de lechuga y refrigere dentro de una bolsa plástica. Mezcle la mayonesa con la salsa de tomate y enfríe en la nevera. Unos minutos antes de servir, disponga la lechuga en una fuente, coloque encima la pechuga desmenuzada, los quesos, el jamón, la salchicha y el apio. Rocíe con la mayonesa. Este plato es una comida completa, fresca y nutritiva.

Ensalada de pollo y uvas

2 cdas. de mayonesa
1 cdita. de leche
sal y pimienta recién molida, al gusto
1/4 cdita. de mostaza
1 pizca de tomillo
1 1/2 cditas. de jugo de limón
1/2 taza de uvas peladas, partidas por la mitad y sin semillas
1 pechuga de pollo cocida y deshilachada

Combine la mayonesa con la leche, sal, pimienta, mostaza, tomillo y jugo de limón, hasta obtener una pasta suave. Mezcle con las uvas y el pollo. Incorpore la mayonesa.

Pechugas con mazorca

1 pechuga de pollo deshuesada
3 cdas. de mantequilla
1 cda. de aceite
sal y pimienta al gusto
1 mazorca tierna mediana, desgranada
2 cdas. de mantequilla
1 cda. de harina de trigo
1 taza de leche
1 cda. de alcaparras
1/2 taza de queso amarillo rallado

Precaliente el horno a 165°C (325°F). Dore la pechuga en la mantequilla con el aceite y sazone con sal y pimienta. Cocine los granos de mazorca hasta que estén blandos. Derrita la mantequilla y añada la harina y la leche, poco a poco, hasta formar una salsa. Cubra la pechuga con los granos de mazorca, rocíe con la salsa, espolvoree con el queso y decore con alcaparras. Hornee por unos 15 minutos (no debe secarse).

Pollo con champiñones

1 pechuga o 1 muslo de pollo
2 cdas. de aceite
1 cda. de mantequilla
1/2 sobre de sopa de champiñones disuelto en 1 1/2 tazas de leche
1/2 taza de champiñones frescos enteros

Dore el pollo en el aceite con la mantequilla. Espolvoree con la crema de champiñones y agregue los champiñones frescos. Cocine a fuego medio hasta que el pollo esté tierno.

Pechuga a la crema

1 pechuga de pollo
1 cda. de aceite
2 cdas. de mantequilla
1 diente de ajo pequeño finamente picado
1 taza de caldo de gallina
1/2 taza de crema de leche
sal y pimienta al gusto
1 cdita. de salsa negra

Precaliente el horno a 180°C (350°F). Dore ligeramente la pechuga en el aceite con la mantequilla. Coloque en una refractaria con tapa. Mezcle los ingredientes restantes y lleve hasta el punto de hervor. Vierta sobre el pollo y cocine tapado, aproximadamente por 1 hora. Destape y continúe la cocción por 15 minutos más.

Curry de pollo o langostinos

1/2 cebolla blanca pequeña, picada
2 cdas. de mantequilla
1 cda. de aceite
1 cda. de harina de trigo
sal al gusto
1 cda. de curry en polvo
1/2 cdita. de azúcar
3/4 taza de caldo de pollo
3/4 taza de leche
3/4 taza de pollo cocido (o langostinos limpios crudos)
1/2 cdita. de jugo de limón

Dore la cebolla en el aceite con la mantequilla; agregue la harina, sal, curry y azúcar. Cocine a fuego bajo, revolviendo a menudo hasta que comience a hervir. Vierta el caldo y la leche; hierva nuevamente, sin dejar de revolver, por 1 minuto. Adicione el pollo (o los langostinos) y el jugo de limón; deje reposar durante 10 minutos para que los sabores se incorporen. Sirva sobre arroz blanco, con poca sal y con alguno(s) de los siguientes acompañamientos: chutney, uvas pasas, maní, almendras, coco rallado, tajadas de aguacate, piña en conserva o anillos de cebolla fritos.

Pollo catalán

1 pechuga grande
1/4 taza de harina de trigo
2 cdas. de aceite de oliva
2 cdas. de cebolla blanca picada
1 cda. de pimiento rojo pequeño, picado
1 diente de ajo pequeño picado
2 cdas. de zanahoria picada
1/2 taza de tomate pelado y picado
1/4 taza de jugo de tomate

Precaliente el horno a 180°C (350°F). Reboce la pechuga en harina y fría en el aceite, hasta dorar. Retire de la sartén y fría allí la cebolla, pimiento, ajo y zanahoria. Incorpore los tomates y el jugo. Disponga el pollo en una refractaria pequeña y vierta encima la mezcla anterior. Hornee tapado aproximadamente durante 45 minutos. Si fuera necesario, agregue un poco más de caldo.

Pollo al estragón y vino

1 cda. de hojas de estragón
1 cebolla blanca mediana, cortada en rodajas y separada en anillos
1/4 taza de vino blanco
1 muslo de pollo

Mezcle las hojas de estragón con la cebolla y el vino blanco y marine el pollo por unas horas. Precaliente el horno a 180°C (350°F). Retire el pollo de la marinada y hornee hasta que esté blando.

Ensalada caliente de pollo al estilo Kenia

1 cda. de mantequilla
2 cdas. de cebolla blanca, picada
1/4 taza de apio picado
2 cdas. de pimiento rojo cortado en cubitos
2 cdas. de marañones (merey) o maní
1 pechuga de pollo grande, cocida y cortada en cubitos
1/4 taza de mayonesa
1/2 cdita. de salsa Perrin's
sal y pimienta al gusto
1/4 taza de miga de pan

Precaliente el horno a 190°C (375°F). Derrita la mantequilla y sofría la cebolla hasta que esté transparente. Agregue el apio, pimiento y marañones (o maní). Revuelva, deje reposar por unos minutos y adicione el pollo, la mayonesa y la salsa Perrin's; salpimente. Disponga la mezcla en una refractaria pequeña engrasada y cubra con la miga de pan. Hornee durante 15 a 20 minutos.

Pollo al horno

1 pechuga grande de pollo
1/4 taza de leche
1/2 taza de miga de pan
sal y pimienta al gusto
1/4 cdita. de paprika

Precaliente el horno a 205°C (400°F). Disponga la pechuga en una refractaria panda y vierta la leche. Sazone la miga de pan con sal, pimienta y paprika y cubra por completo la pechuga. Hornee durante 20 a 30 minutos.

Pollo al kumis

2 cditas. de harina de trigo
1 pizca de sal de ajo
1 pizca de sal de cebolla
sal y pimienta al gusto
¼ taza de kumis sin azúcar*
1 pechuga grande de pollo
¼ taza de queso Parmesano rallado
½ taza de miga de pan

Precaliente el horno a 205°C (400°F). Mezcle la harina con las sales de ajo y de cebolla, sal común, pimienta y con el kumis en un recipiente pando. Sumerja la pechuga y reboce en la miga de pan. Cocine durante 20 a 30 minutos. Si fuera necesario, voltee y cocine por 10 minutos más.

* Si no consigue kumis sin azúcar, se puede remplazar por yogur natural sin dulce.

Pollo con tocineta

¼ cdita. de mostaza
¼ cdita. de panela rallada
1 pizca de tomillo
3 cdas. de agua
sal al gusto
2 tiras de tocineta cortada en trozos
1 pechuga o muslo de pollo

Prepare un adobo con los 5 primeros ingredientes y frote el pollo. Fría la tocineta, hasta que suelte la grasa; retire de la sartén y fría allí el pollo. Agregue un poco de agua y cocine a fuego medio hasta que esté tierno y jugoso. En el momento de servir, salpique con la tocineta.

Pollo a la naranja ✓

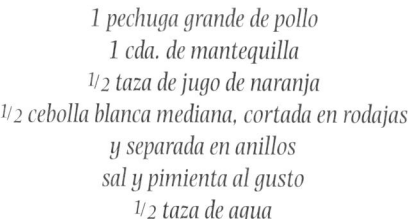

1 pechuga grande de pollo
1 cda. de mantequilla
½ taza de jugo de naranja
½ cebolla blanca mediana, cortada en rodajas y separada en anillos
sal y pimienta al gusto
½ taza de agua

Dore el pollo en la mantequilla y agregue los ingredientes restantes. Cocine a fuego bajo hasta que ablande.

Pollo indonesio

¼ cdita. de jugo de limón
1 cdita. de salsa Perrin's
½ cebolla blanca pequeña, picada
½ diente de ajo picado
2 gotas de salsa de Tabasco
3 cdas. de mantequilla
1 presa grande de pollo
½ taza de agua

Mezcle el jugo de limón con la salsa Perrin's y adobe el pollo con 24 horas de anticipación. Sofría la cebolla con el ajo y el ají en 1 cucharada de mantequilla; en las otras dos, fría el pollo y luego agregue la mezcla de cebolla con ajo y el agua. Cocine a fuego bajo hasta que el pollo esté blando.

Pollo al yogur

1 presa grande de pollo
sal al gusto
1/4 cdita. de paprika
1 cda. de harina de trigo
3/4 taza de caldo de gallina
3 cdas. de yogur

Frote el pollo con sal y paprika, reboce en harina y fría. Agregue el caldo y cocine a fuego bajo hasta que esté blando. Retire de la olla y vierta allí el yogur; mezcle bien. Sirva el pollo cubierto con la salsa.

Pollo oriental

1/2 cebolla blanca pequeña, picada
1/2 manzana verde pequeña, pelada y rallada
2 cdas. de mantequilla
1 cda. de aceite
1 presa grande de pollo
1/2 cdita. de salsa de tomate
1 taza de agua

Dore la cebolla y la manzana en la mantequilla y el aceite. Agregue el pollo y dore por ambos lados. Añada la salsa de tomate y el agua. Cocine hasta que el pollo esté blando, revolviendo de vez en cuando.

Pollo Marengo

3 cdas. de aceite de oliva
1 mango bien maduro
2 cdas. de salsa de soya
1 pizca de tomillo
sal y pimienta al gusto
1 pechuga de pollo deshuesada, cortada en trozos grandes
6 uvas pasas

Licue 2 cucharadas de aceite con un trozo de mango, la salsa de soya, tomillo, sal y pimienta. Marine los trozos de pollo en esta salsa, durante 1/2 hora. Caliente el aceite restante y fría los trozos de pollo a fuego alto, revolviendo a menudo. Parta el resto del mango en trocitos y agregue a la marinada. Caliente bien y sirva sobre el pollo, decorado con uvas pasas.

Pollo en salsa de piña

1 presa grande de pollo
1 cda. de mantequilla
1/2 taza de salsa de soya
2 cdas. de mermelada de piña

Dore el pollo en la mantequilla. Mezcle la salsa de soya con la mermelada y vierta sobre el pollo. Cocine a fuego bajo, tapado, hasta que esté blando. Si fuera necesario, agregue más agua.

Pollo en leche

1 pechuga de pollo
1 cda. de aceite de oliva
1 taza de leche
1 diente de ajo pequeño
1 hoja de laurel
1 pizca de tomillo
sal y pimienta al gusto
1/2 cdita. de mostaza

Dore el pollo por todos lados en el aceite. Cubra con la leche y agregue los ingredientes restantes. Cocine a fuego bajo hasta que esté tierno.

Pollo a la mandarina

2 cdas. de harina de trigo
sal al gusto
1 presa de pollo
2 cdas. de mantequilla
1 cdita. de azúcar
1 taza de jugo de mandarina
1 mandarina separada en cascos

Combine la harina con la sal; envuelva el pollo con la mezcla. Derrita la mantequilla y dore el pollo por todos lados. Mezcle con la harina que sobró al envolver el pollo y agregue el azúcar. Hierva el pollo en el jugo hasta que esté tierno. Antes de servir, incorpore los cascos de mandarina y cocine durante 5 minutos.

Pavo

El pavo era un ave tan apreciada por los antiguos, que la ofrecían como sacrificio a los dioses.

Rico en proteínas, en muchos países del mundo es la comida típica de Navidad. Las familias guardan con celo las recetas de «su pavo», y madres y abuelas lo preparan a las mil maravillas, eso sí, sólo una vez al año.

En la actualidad, las presas de pavo se consiguen fácilmente en el comercio. Por eso, hemos incluido la siguiente receta. ¡Consiéntase! Prepárela. Es como para chuparse los dedos.

Pavo del rey

2 cdas. de mantequilla
1/4 pimiento rojo pequeño, cortado en cubitos
6 champiñones
1/2 cda. de harina de trigo
4 cdas. de leche tibia
4 cdas. de crema de leche
1/4 taza de caldo de gallina
1/2 taza de pavo cocido cortado en cubos

Derrita 1 cucharada de mantequilla y sofría el pimiento y los champiñones hasta que estén tiernos. Derrita la mantequilla restante y revuelva con la harina. Agregue la leche mezclada con la crema, hasta obtener una salsa suave. Vierta el caldo y deje hervir por 1 minuto. Incorpore el pimiento, los champiñones y el pavo. Hierva a fuego bajo durante 5 minutos. Si fuera necesario, agregue un poco más de leche.

Carnes

**Platos con
frutas
hierbas
especias
quesos
verduras
vino**

Las carnes tienen alto valor nutritivo y son esenciales para conservar un buen estado de salud y mantener las defensas del organismo.

La carne más blanda proviene de la parte del animal que tiene menor movimiento y estrés; está formada por fibras o células largas que contienen proteína, agua y sal. Es ideal para asar. Aquellas donde el tejido conectivo es abundante, tienden a ser más duras y deben cocinarse a fuego bajo para que se ablanden. Las sustancias ácidas como el vino, jugo de limón o cerveza, agregados antes o después de la cocción, ablandan la carne. Colocar cáscaras de papaya sobre las tajadas de carne 1 hora antes de cocinarlas, tiene el mismo efecto.

Freír un delicioso pedazo de carne tiene sus secretos: para obtener los mejores resultados, caliente a fuego alto una sartén pesada, y vierta en ella una mínima cantidad de aceite. Si lo desea, agregue un diente de ajo. Cocine la carne en la sartén hasta que salga sangre; en ese momento agregue la sal (nunca antes, porque se endurece). Voltéela cuando esté en el término de cocción de su preferencia y sirva de inmediato.

Cuando compre carne, calcule 125 g por porción.

Lomo
con ciruelas pasas

1 cda. de mantequilla
1 cdita. de aceite
sal y pimienta al gusto
¼ lb de lomo de res
5 ciruelas pasas, remojadas en agua
3 cdas. de azúcar
1 cdita. de jugo de limón

Precaliente el horno a 180°C (350°F). Aparte, derrita la mantequilla en el aceite y sazone con sal y pimienta. Fría la carne a fuego alto, por ambos lados, durante 10 minutos. Aparte, cocine las ciruelas con el agua, azúcar y jugo de limón. Disponga la carne en un molde pequeño y rocíe con la salsa. Hornee aproximadamente por 15 minutos.

Cerdo de primavera

1/4 lb de carne de cerdo cortada en trozos
sal al gusto
2 cdas. de aceite
2 tomates grandes
1 pimiento
1 diente de ajo pequeño
1/2 cebolla blanca, picada
1 manojo de cilantro fresco, picado

Cocine la carne en suficiente agua con sal, que la cubra. Cuando el líquido se evapore, añada el aceite y deje que la carne se dore. Cocine los tomates y el pimiento en otro recipiente, durante 10 minutos. Retire y deje enfriar un poco. Licue con el ajo, cebolla y cilantro. Vierta la salsa sobre la carne y cocine a fuego bajo por unos 7 minutos.

Chuleta de cerdo

1 chuleta de cerdo
1/2 taza de agua
sal y pimienta al gusto

Retire un poco de grasa de la chuleta, y utilícela para engrasar una sartén pesada. Dore la chuleta por ambos lados y vierta el agua. Tape y deje cocinar a fuego bajo durante 30 a 45 minutos, según el grosor. Sazone con sal y pimienta. Sirva de inmediato.

Chuleta de cerdo a la naranja

1 chuleta de cerdo
1 rodaja gruesa de naranja, pelada
1 rodaja delgada de cebolla
1 cda. de panela rallada (o azúcar morena)

Precaliente el horno a 180° (350°F). Coloque la chuleta sobre una lata, cubierta con la naranja, cebolla y panela. Hornee durante 1 hora, cuidando que no se queme. Sirva de inmediato.

Chuleta de cerdo suprema

1/4 cdita. de achiote (o color)
1/4 cebolla blanca pequeña
2 cdas. de jugo de limón
1 chuleta de cerdo
sal y pimienta al gusto
4 cdas. de aceite

Licue el achiote con la cebolla y el jugo de limón. Marine la chuleta en esta mezcla, durante 45 minutos. Sazone con sal y pimienta. Fría en aceite bien caliente. Vierta encima la marinada y cocine por 10 minutos más, a fuego bajo.

Costillas del panal

¹/₂ lb de costillas de cerdo

Salsa para marinar

1¹/₂ cdas. de miel de abejas
1¹/₂ cdas. de azúcar morena
¹/₂ cda. de salsa inglesa (Worcestershire)
1 cda. de salsa de tomate
¹/₂ cda. de mostaza
1 cda. de vinagre blanco
4 ciruelas pasas
sal y pimienta al gusto

Mezcle todos los ingredientes de la salsa y caliente a fuego bajo por 3 minutos. Incorpore las costillas y marine durante 1 hora o de un día para otro. Precaliente el horno a 180°C (350°F). Hornee las costillas por 45 minutos. Reduzca la temperatura a 150°C (300°F) y hornee por 15 minutos más. Sirva de inmediato.

Chuleta con salsa de tomate

1 chuleta de cerdo
2 cdas. de harina de trigo, salpimentada
sal y pimienta al gusto
aceite para freír
¹/₂ sobre de sopa de tomate
¹/₄ taza de apio finamente picado
¹/₄ taza de cebolla

Precaliente el horno a 150°F (300°F). Reboce la chuleta en harina con sal y pimienta y luego dore en aceite caliente. Coloque la chuleta en una refractaria pequeña con tapa y rocíe con la sopa disuelta en 1 taza de agua. Agregue el apio y la cebolla. Hornee tapado durante 1 hora y sirva de inmediato.

Delicia de jamón

4 clavos de olor
1 tajada bien gruesa de jamón
1 cda. de mantequilla
1 cdita. de aceite
1 cda. de panela raspada (o azúcar morena)
2 cdas. de jugo de piña
¹/₄ taza de vino blanco
sal y pimienta al gusto

Pinche los clavos en la tajada de jamón. Derrita la mantequilla con el aceite a fuego bajo. Fría el jamón por ambos lados, hasta dorar. Cubra con la panela raspada, el jugo de piña y el vino. Sazone con sal y pimienta y cocine por 7 minutos. Sirva de inmediato.

Chuleta a la milanesa

1 chuleta de cerdo
1 huevo batido
1 cda. de leche
¹/₄ taza de miga de pan
aceite para freír
sal al gusto
2 cdas. de agua

Aplane la costilla hasta que esté delgada. Aparte, mezcle el huevo con la leche y sumerja la costilla; luego reboce ambos lados en la miga de pan. Dore en aceite caliente, sazone con sal, agregue el agua y cocine a fuego bajo durante 45 minutos, cuidando que no se pegue. Si fuera necesario, agregue un poco más de agua. Sirva caliente.

Chuleta de cerdo a la crema

1 cdita. de albahaca
sal y pimienta al gusto
1 chuleta de cerdo
1/2 cebolla blanca, picada
3/4 taza de caldo de gallina
1 1/2 cdas. de harina de trigo
1/4 taza de crema de leche

Mezcle la albahaca con la sal y pimienta; frote la chuleta y dore por ambos lados. Agregue la cebolla y el caldo. Cocine a fuego bajo durante 30 minutos. Mezcle la harina con la crema y vierta sobre la chuleta. Cocine sin tapar, durante 7 minutos.

Cerdo con champiñones

1/4 lb de carne de cerdo, cortada en finas tajadas
1 cda. de margarina
1/2 cebolla blanca pequeña, picada
1/2 pimiento rojo pequeño cortado en cubitos
1/4 lb de champiñones
1 pizca de nuez moscada rallada
2 cdas. de salsa de soya
2 cdas. de Jerez

Fría las tajadas de cerdo en la margarina, durante algunos minutos. Agregue la cebolla, el pimiento, los champiñones y la nuez moscada. Cocine a fuego bajo, durante 10 minutos, revolviendo a menudo. Vierta la salsa de soya y el Jerez; deje hervir a fuego bajo por 5 a 10 minutos. Sirva de inmediato.

Jamón con frutas

1 tajada gruesa de jamón
1 manzana roja mediana, pelada y cortada en trozos
1 taza de jugo de manzana
1 cda. de miel de abejas
1 cda. de uvas pasas
1 pizca de canela en polvo

Cubra la tajada de jamón con la manzana, agregue el jugo de manzana, la miel, las uvas pasas y la canela. Cocine a fuego bajo durante 45 minutos, rociando frecuentemente con la salsa. Sirva de inmediato.

Estofado de res

1/4 lb de lomo ancho de res cortado en cubos
4 cdas. de aceite
1 taza de agua caliente
1/4 cdita. de jugo de limón
1/4 cdita. de salsa negra
1 diente de ajo pequeño
1/4 cebolla blanca pequeña, picada
1 hoja de laurel
1/4 cdita. de azúcar
1 zanahoria pequeña cortada en rodajas
2 papas peladas y cortadas en cubitos
1/4 taza de arvejas
1/4 taza de habichuelas cortadas en trocitos
sal y pimienta al gusto

En una olla pesada, dore la carne en el aceite. Agregue los ingredientes restantes, excepto los vegetales. Cocine, aproximadamente por 1 hora. Incorpore los ingredientes restantes y cocine por 20 minutos. Sirva de inmediato.

Hamburguesa

¼ lb de carne molida de res
1 cda. de cebolla finamente picada
2 cdas. de leche
salsa negra o mostaza, al gusto
sal y pimienta al gusto

Mezcle todos los ingredientes y forme una hamburguesa. Fría en aceite caliente por 6 a 7 minutos en cada lado. Sirva de inmediato, sobre pan con mantequilla. Puede servirse "a caballo", con un huevo frito encima.

Molde de carne con tocino

½ taza de carne molida de res
½ taza de carne molida de cerdo
1 huevo batido
1 cda. de miga de pan
1 cda. de salsa de tomate
1 pizca de tomillo
1 pizca de albahaca deshidratada
sal y pimienta al gusto
1 huevo duro picado
2 tiras de tocineta

Precaliente el horno a 180°C (350°F). Mezcle las carnes con el huevo batido, miga de pan, salsa de tomate, hierbas, sal y pimienta. Extienda la carne y salpique con el huevo duro. Enrolle la carne y envuelva con la tocineta. Hornee por 30 minutos. Sirva de inmediato.

Carne con pimiento ✓

½ pimiento rojo pequeño
½ pimiento verde pequeño
1 tomate pequeño
¼ cebolla blanca pequeña, picada
1 diente de ajo pequeño
sal y pimienta al gusto
3 cdas. de aceite
¼ lb de lomito de res, cortado en trozos

Hierva los pimientos con el tomate durante 5 minutos. Licue con la cebolla, ajo, sal y pimienta. Coloque al fuego hasta que hierva. Fría la carne en el aceite y luego cubra con la salsa. Cocine a fuego bajo por 7 minutos.

Stroganoff

¼ lb de lomito de res, cortado en trozos finos
2 cdas. de mantequilla
1 cda. de aceite
3 cdas. de cebolla blanca, picada
½ taza de rodajas de champiñones
sal y pimienta al gusto
2 cdas. de vino blanco
¼ taza de crema de leche

Fría los trozos de carne en 1 cucharada de mantequilla y el aceite. Retire y fría la cebolla y los champiñones en el mismo recipiente, agregando la mantequilla restante. Incorpore la carne, sal y pimienta y, sin dejar hervir, el vino y la crema. Se puede servir con espaguetis con mantequilla.

Ropa vieja

¼ cebolla blanca, picada
1 diente de ajo pequeño
2 cdas. de aceite de oliva
1 tomate maduro pequeño, pelado
y sin semillas
1 taza de caldo de gallina
¼ lb de carne cocida, deshilachada
¼ pimiento rojo pequeño, picado
5 aceitunas verdes o negras
1 cda. de alcaparras

Fría la cebolla con el ajo en el aceite caliente. Agregue el tomate y el caldo. Luego incorpore los ingredientes restantes. Cuando hierva, tape y deje cocinar a fuego bajo durante ½ hora. Sirva de inmediato.

Carne con crema agria

¼ lb de lomo ancho de res, cortado en trocitos
1 cda. de aceite
4 cdas. de mantequilla
¼ cebolla blanca pequeña, picada
1 diente de ajo pequeño
1 hoja de laurel
1 pizca de tomillo
sal y pimienta al gusto
½ taza de crema de leche
1 taza de caldo frío
2 cdas. de queso Parmesano rallado

Fría la carne en aceite y mantequilla. Añada la cebolla, ajo, laurel, tomillo, sal y pimienta. Mezcle la crema con el caldo y el queso rallado; vierta sobre la carne. Tape y deje hervir a fuego bajo durante ½ hora. Sirva de inmediato.

Carne al curry

2 cdas. de mantequilla
1 cdita. de aceite
1 cda. de cebolla blanca, picada
1 cda. de harina de trigo
1 cdita. de curry en polvo
1 taza de caldo de gallina
¼ lb de carne de res cocida
1 cda. de uvas pasas
1 cda. de maní

Derrita la mantequilla y agregue un poco de aceite. Dore la cebolla y luego agregue la harina, el curry y el caldo. Revuelva a menudo, hasta obtener una salsa. Adicione la carne y deje cocinar por 20 minutos a fuego bajo. Incorpore las uvas pasas y el maní. Sirva sobre arroz blanco.

Albóndigas hawaianas

¼ lb de carne molida de res
¼ lb de carne molida de cerdo
aceite
1 taza de caldo de gallina
½ taza de piña cortada en trocitos
¼ pimiento rojo pequeño, cortado en tiritas

Salsa

1 cdita. de salsa de soya
¼ taza de azúcar morena (o panela raspada)
2 cdas. de vinagre
1 ½ cditas. de fécula de maíz

Mezcle las carnes, forme bolitas y fríalas en aceite. Agregue el caldo, piña y pimiento. Deje hervir durante 15 minutos. Aparte, mezcle los ingredientes de la salsa y vierta sobre la carne. Deje hervir por 5 minutos. Si la mezcla se seca demasiado, agregue jugo de piña.

Carne al vino

3 tiras de tocineta, cortadas en cubitos
1/4 cebolla blanca pequeña, picada
ajo, sal y pimienta al gusto
1/4 taza de vino tinto
1 taza de agua
1 cdita. de Brandy
1/4 lb de lomo o lomo ancho de res,
cortado en trozos

Fríe la tocineta a fuego bajo y agregue la cebolla, ajo, sal, pimienta, vino, agua y Brandy. Adicione la carne y cocine a fuego bajo durante 1 hora. Si se seca demasiado, agregue un poco de caldo o agua.

Carne cantonesa

1 cda. de salsa de soya
1 diente de ajo pequeño
3 cdas. de aceite
1/4 lb de lomo o lomo ancho de res,
cortado en trozos
1/4 pimiento rojo pequeño, cortado en tiritas
1/4 cebolla blanca pequeña, picada
2 cdas. de apio picado
1 cdita. de fécula de maíz
1/2 taza de agua
1 tomate grande, pelado y sin semillas
sal y pimienta al gusto

Mezcle la salsa de soya con el ajo y el aceite. Marine la carne en esta salsa y deje reposar por 1 hora. Retire y fría por ambos lados. Agregue el pimiento, la cebolla y el apio. Tape y cocine durante 10 minutos, hasta que los vegetales estén tiernos. Disuelva la fécula en el agua e incorpore al recipiente, revolviendo con frecuencia hasta que espese. Por último, añada el tomate, sal y pimienta. Cocine tapado, durante 10 minutos. Sirva de inmediato.

Gulasch húngaro

1/2 cebolla blanca pequeña, picada
2 cdas. de margarina
1 cdita. de aceite
1/2 pimiento rojo pequeño, cortado en tiras
1/4 lb de lomo ancho de res
1/2 cdita. de paprika
1/2 taza de tomates, pelados
y sin semillas
sal y pimienta al gusto
1 taza de caldo de gallina
1 papa mediana pelada

Sofría la cebolla en margarina con un poco de aceite, para evitar que se queme. Adicione el pimiento y, cuando esté blando, incorpore la carne y la paprika. Añada los tomates, sal y pimienta. Por último, agregue el caldo y la papa. Cocine hasta que la papa esté blanda. Si fuera necesario, agregue más caldo.

Ensalada de carne fría

1/4 lb de carne cocida deshilachada
1 huevo duro
1/2 manzana roja mediana, cortada en cubitos
1/2 cebolla blanca pequeña, picada
1 cda. de alcaparras
1 pepinillo encurtido agridulce
1 papa mediana cocida, cortada en cubitos
2 cdas. de apio picado
1/2 pimiento rojo pequeño, cortado en tiritas
3 cdas. de mayonesa
1 cdita. de perejil fresco picado

Mezcle los 9 primeros ingredientes y agregue la mayonesa. Decore con perejil.

Ternera al vino

1 taza de carne de ternera cortada en trocitos
1 pizca de tomillo
1/2 hoja de laurel
1/2 cebolla blanca pequeña, picada
1 cda. de harina de trigo
3/4 taza de agua
1/4 cubo de caldo de gallina
1/4 taza de vino blanco
sal y pimienta al gusto

Frote la ternera con las hierbas y dore un poco con la cebolla. Espolvoree con harina, sal y pimienta. Disuelva el cubo de caldo en el agua, y vierta con el vino sobre la ternera. Cocine a fuego bajo hasta que esté blanda. Sirva de inmediato.

Ternera a la paprika

1 taza de carne de ternera cortada en trocitos
1 cdita. de paprika
1 cda. de mantequilla
1/2 cebolla blanca pequeña, picada
1 taza de agua hirviendo
1/2 taza de champiñones
1 cdita. de fécula de maíz
sal y pimienta al gusto
1/4 taza de crema de leche agria*

Espolvoree la carne con la paprika y deje reposar durante 1 hora. Derrita la mantequilla y sofría la cebolla. Incorpore la ternera y cubra con el agua. Cocine a fuego bajo hasta que esté blanda. Agregue los champiñones. Mezcle la maicena con un poco de agua fría y vierta en la olla, revolviendo con frecuencia, hasta que espese. Sazone con sal y pimienta y, unos segundos antes de servir, agregue la crema agria, sin dejar que hierva.

*La crema agria se puede preparar en casa, agregando 1/2 cucharadita de jugo de limón a 1/4 de taza de crema de leche.

Ternera del seductor

1 taza de carne de ternera cortada en trozos delgados
1 diente de ajo pequeño
harina de trigo para rebozar
2 cdas. de margarina
1/4 lb de champiñones
1 cda. de alcaparras
sal y pimienta al gusto
jugo y cáscara rallada de 1 limón
1/3 taza de caldo de gallina

Frote la ternera con el ajo y cubra con la harina. Fría la carne en la margarina hasta dorar. Cubra con los champiñones y alcaparras; salpimente. Mezcle el jugo y la ralladura de limón con el caldo de gallina y vierta sobre la ternera. Cocine a fuego bajo.

Ternera «Cordon bleu»

1 tajada delgada de carne de ternera
1 tajada de jamón cocido
1 tajada de queso amarillo
1/4 taza de miga de pan
1/4 cdita. de orégano
sal y pimienta al gusto
1 huevo batido
1/4 taza de aceite

Cubra las tajadas de ternera con el jamón y el queso. Enrolle y asegure con palillos de madera. Mezcle la miga de pan con el orégano, sal y pimienta. Pase los rollos de ternera por el huevo y luego reboce en la miga de pan. Fría en el aceite y sirva.

Ternera del malabarista

$1/2$ lb de carne de ternera, cortada
en tajadas delgadas
$1/2$ taza de harina de trigo
2 cdas. de aceite de oliva
1 diente de ajo pequeño
$1/2$ cebolla blanca pequeña
$2/3$ taza de vino blanco
$1/3$ taza de agua
sal y pimienta al gusto

Espolvoree la ternera con harina y fría en el aceite de oliva, con el ajo y la cebolla. Agregue el vino, agua, sal y pimienta. Cocine durante 15 minutos en olla de presión.

Ternera de Breznia al estilo Antonio

1 tajada grande de carne de ternera
2 tiras de tocineta
sal y pimienta al gusto
1 cdita. de albahaca fresca
2 cdas. de margarina
$1/2$ cebolla blanca mediana, cortada en rodajas
y separada en anillos
2 tomates maduros pequeños
1 cda. de vino blanco
1 cda. de crema de leche

Cubra la ternera con las tiras de tocineta y asegure con palillos. Salpimente y frote bien con la albahaca. Fría en margarina. Sofría la cebolla y el tomate y agregue a la ternera. Adicione el vino y cocine tapado, hasta que la carne se ablande. Si fuera necesario, agregue un poco más de agua En el momento de servir rocíe con la crema.

Ternera a la húngara

1 cda. de mantequilla
1 taza de carne de ternera cortada en trozos
$1/4$ cebolla blanca mediana, cortada
en rodajas y separada en anillos
$1/2$ cdita. de paprika
$1/2$ pimiento rojo pequeño, picado
1 taza de jugo de tomate
$1/3$ taza de caldo de gallina
1 pizca de azúcar
1 hoja de laurel
1 pizca de nuez moscada rallada
sal y pimienta al gusto
3 cdas. de yogur natural sin dulce

Precaliente el horno a 180°C (350°F). Derrita la mantequilla y dore la carne. Agregue la cebolla y sofría hasta que esté transparente. Espolvoree con la paprika y sofría por 1 minuto más. Incorpore el pimiento, jugo de tomate, caldo, azúcar, laurel, nuez moscada, sal y pimienta. Hornee durante 1 hora. Agregue el yogur y sirva bien caliente.

Cordero al tomate

2 cditas. de aceite de oliva
1 taza de carne de cordero cortada en trocitos
$1/2$ cebolla blanca pequeña, picada
1 diente de ajo pequeño
sal y pimienta al gusto
tomillo al gusto
$1/3$ taza de vino tinto
$1/2$ taza de tomates cocidos, pelados y sin
semillas, en puré

Caliente el aceite de oliva e incorpore la carne, cebolla, ajo, sal, pimienta, tomillo, vino y puré de tomates. Deje hervir a fuego bajo hasta que la carne esté blanda. Sirva de inmediato.

Cordero al curry

3 cdas. de mantequilla
1 taza de carne de cordero cortada en trozos
1/2 cebolla blanca pequeña, picada
1/2 cdita. de curry en polvo (o al gusto)
sal y pimienta al gusto
1 tomate maduro mediano
1 taza de agua
1/2 hoja de laurel
1 cdita. de perejil fresco picado
1 pizca de tomillo
1 yema de huevo
1/4 cdita. de jugo de limón

Derrita la mantequilla y dore la carne con la cebolla. Agregue el curry, sal y pimienta. Cocine durante 10 minutos y luego agregue el tomate, agua e ingredientes restantes menos la yema y el jugo de limón. Hierva a fuego bajo hasta que la carne esté blanda. Antes de servir, incorpore la yema disuelta en el jugo de limón. Cocine durante 2 minutos más y sirva.

Cocido de cordero

1/2 lb de carne de cordero, cortada en trozos
1/4 cebolla blanca pequeña, picada
2 cdas. de margarina
1 papa mediana cortada en cubitos
1/2 zanahoria pequeña cortada en rodajas
1/2 pimiento rojo pequeño
sal y pimienta al gusto
1 pizca de tomillo
1 hoja de hierbabuena
1 taza de agua hirviendo

Derrita la margarina y dore la carne de cordero con la cebolla. Agregue las verduras, sal, pimienta, hierbas y agua. Deje hervir a fuego bajo hasta que la carne esté blanda. Sirva de inmediato.

Cordero de Armenia

1/2 lb de carne de cordero
1 cdita. de harina de trigo
2 cdas. de aceite
1/2 cebolla blanca picada
1 diente de ajo pequeño
1/4 cdita. de comino en polvo
1/4 cdita. de jengibre en polvo
1 semilla de cardamomo
3 cditas. de pasta de tomate
2 tazas de caldo de carne
sal y pimienta al gusto

Reboce la carne en la harina y reserve. Caliente el aceite y dore la cebolla. Incorpore la carne, revolviendo bien a fuego alto. Añada el ajo, especias, pasta de tomate y caldo. Deje hervir a fuego bajo hasta que esté blando. Sazone con sal y pimienta. Sirva de inmediato.

Hígado al limón

1 1/2 cda. de harina de trigo
sal y pimienta al gusto
1/4 lb de hígado de res cortado en tajadas muy delgadas
1 1/2 cdas. de mantequilla o margarina
1/2 cda. de jugo de limón
1 cdita. de perejil fresco picado

Mezcle la harina con sal y pimienta. Cubra el hígado con la mezcla. Derrita la mantequilla en una sartén y fría el hígado hasta que esté a punto. Rocíe con jugo de limón, espolvoree con perejil y sirva de inmediato.

Arroz

Platos con
frutas
granos
hierbas
especias
verduras
yogur

Arroz blanco

1 cebolla larga pequeña
1 diente de ajo pequeño
$1/2$ taza de arroz
1 cda. de aceite
1 taza de agua
sal al gusto

Caliente y sofría la cebolla y el ajo. Coloque el arroz sobre el aceite, cubra con el agua y agregue sal. Cocine hasta que se seque, tape y continúe la cocción a fuego bajo por $1/2$ hora, aproximadamente. Cuando esté blando, rocíe encima con un poco de agua con sal, para que los granos se abran. Antes de servir, retire la cebolla y el ajo.

Arroz dorado

$1/4$ taza de cebolla blanca, picada
1 cda. de aceite
1 taza de agua
$1/4$ cdita. de clavos de olor
sal y pimienta al gusto
$1/2$ taza de arroz

Dore la cebolla en el aceite, agregue el agua, clavos de olor, sal y pimienta. Adicione el arroz y continúe la cocción como se indica para el arroz blanco. Sirva de inmediato.

Arroz con espinaca

2 hojas de espinaca
1 taza de agua
1 cdita. de aceite
$1/2$ taza de arroz
sal al gusto

Licue las hojas de espinaca con el agua y cuele. Caliente el aceite, agregue el arroz, el agua en que se licuaron las espinacas y sal. Cocine hasta que esté seco, tape y continúe la cocción por $1/2$ hora más. Sirva de inmediato.

Arroz con soya

1 cda. de aceite
$1/2$ taza de arroz
$1/4$ taza de salsa de soya
$3/4$ taza de agua

Caliente el aceite y agregue encima el arroz. Añada la salsa de soya mezclada con el agua. Cocine hasta que el arroz se haya secado, tape y continúe la cocción a fuego bajo por 30 minutos y sirva.

Pilaf

2 cdas. de mantequilla
1/2 cebolla blanca pequeña
1/2 taza de arroz
1 taza de caldo de gallina
3 cdas. de yogur natural sin dulce
1 cdita. de perejil fresco picado

Derrita la mantequilla y dore ligeramente la cebolla. Agregue el arroz y cocine, revolviendo a menudo, durante 3 minutos. Adicione el caldo, tape y cocine a fuego bajo hasta que esté a punto. Rocíe encima con el yogur y salpique con el perejil picado, antes de servir.

Arroz con tomate

1 tomate grande bien maduro
1 taza de agua
1 cda. de aceite
1/2 taza de arroz
2 cditas. de albahaca fresca
sal al gusto

Licue el tomate con el agua y cuele. Caliente el aceite y agregue encima el arroz. Incorpore el agua en la que se licuó el tomate, la albahaca y sal. Cocine a fuego medio hasta que seque. Tape de inmediato y continúe la cocción a fuego bajo, durante 30 minutos; sirva.

Arroz con Cola

1 cda. de aceite
1/2 taza de arroz
1/2 taza de agua
1/2 taza de gaseosa de Cola
2 cdas. de fideos finos fritos
sal al gusto

Caliente el aceite y agregue el arroz. Incorpore el agua, la gaseosa, los fideos y sal. Cocine de la manera habitual y sirva.

Arroz con naranja

1 cda. de aceite
1/2 taza de arroz
1 taza de jugo de naranja
sal al gusto

Caliente el aceite y agregue encima el arroz, el jugo de naranja y sal. Cocine a fuego medio hasta que seque. Tape y continúe la cocción a fuego bajo, durante 30 minutos y sirva.

Papas

Platos con hierbas especias mantequilla quesos verduras

Papa asada

1 papa con cáscara, lavada
sal al gusto

Precaliente el horno a 220°C (425°F). Pinche la papa con un tenedor. Sale y hornee durante 1 hora.

Papa rellena

1 papa grande
1 cda. de queso cortado en cubitos
1 cda. de mantequilla derretida
1 clara de huevo batida
sal y pimienta al gusto

Precaliente el horno a 180°C (350°F). Hornee la papa como se indica en la receta anterior y deje enfriar. Retire parte de la pulpa y tritúrela para hacer un puré. Mézclelo con el queso, mantequilla, sal y pimienta. Incorpore la clara con movimientos envolventes y luego rellene la papa. Hornee por 12 minutos y sirva.

Papas a la cabaña

2 papas medianas peladas, cocidas
4 cdas. de mantequilla
sal y pimienta al gusto

Corte las papas en cascos y dórelos en mantequilla durante 5 minutos, volteando a menudo, con cuidado. Agregue sal y pimienta y sirva.

Papas con perejil y mantequilla

2 papas cocidas, cortadas en cubos
1 cda. de perejil fresco picado
1 1/2 cditas. de mantequilla derretida
sal y pimienta al gusto

Mezcle los cubos de papa con el perejil, mantequilla, sal y pimienta. Caliente a fuego bajo. Sirva caliente.

Papas del campamento

2 cdas. de aceite
3/4 taza de papa cocida
1/4 taza de cebolla blanca picada
sal y pimienta al gusto

Caliente el aceite en un recipiente pesado. Mezcle la papa con la cebolla y dore en el aceite. Sazone con sal y pimienta y sirva.

Papas caseras

3/4 taza de papas crudas peladas y cortadas en finas rodajas
1 cda. de cebolla blanca picada
sal y pimienta al gusto
1 cdita. de mantequilla cortada en trocitos
3/4 taza de leche

Precaliente el horno a 180°C (350°F). Coloque la papa en capas, sobre un molde refractario pequeño, engrasado con mantequilla. Cubra cada capa de papa con la cebolla, sal y pimienta. Coloque encima la mantequilla y cubra con la leche. Cocine por 1 hora, aproximadamente.

Puré de papa

1 1/2 papas, peladas y cocidas
1 cdita. de mantequilla
2 1/2 cdas. de leche caliente
sal y pimienta al gusto
1 cdita. de perejil fresco picado

Triture las papas calientes y mezcle con la mantequilla, leche, sal y pimienta. Sirva espolvoreado con perejil picado. Para que quede bien cremoso, puede batirse con batidora.

Papa con yogur

1 papa grande pelada
1 yogur natural sin dulce
sal y pimienta al gusto
1/4 cdita. de curry en polvo
1 cdita. de semillas de ajonjolí

Cocine la papa hasta que esté blanda; deje enfriar y corte en cubitos. Mezcle los ingredientes restantes hasta obtener una pasta suave. Incorpore a la papa. Refrigere por algunas horas, antes de servir.

Papas esponjosas

3/4 taza de puré de papa
3 cdas. de crema de leche
sal y pimienta al gusto
2 cdas. de queso Parmesano

Precaliente el horno a 180°C (350°F). Cubra el fondo de una refractaria pequeña, previamente engrasada, con el puré de papa caliente y la crema, sazonada con sal y pimienta. Espolvoree encima con el queso Parmesano. Hornee hasta dorar y sirva.

Papas con queso

2 papas pequeñas, peladas y cocidas
sal y pimienta al gusto
2 cdas. de queso amarillo rallado
2 cdas. de crema de leche

Precaliente el horno a 180°C (350°F). Corte las papas en mitades y rocíe con sal y pimienta. Cubra con el queso rallado y la crema. Hornee durante 10 minutos y sirva.

Papas francesas al horno

1 diente de ajo pequeño
2 papas sabaneras, cortadas en fósforos y fritas en aceite
2 cdas. de mantequilla derretida
1 huevo duro cortado en rodajas
sal y pimienta al gusto
2 cdas. de queso Parmesano rallado

Precaliente el horno a 180°C (350°F). Frote el interior de una refractaria con el diente de ajo y luego engrase. Coloque una capa de papas y rocíe con mantequilla. Cubra con unas rodajas de huevo duro y espolvoree con sal, pimienta y queso Parmesano. Continúe formando capas de la misma manera, terminando con queso Parmesano. Hornee durante 15 minutos y sirva.

Granos

**Platos con
carnes
hierbas
especias
miel**

Fríjoles a la antigua

*½ taza de fríjoles blancos de cabeza negra
1 taza de agua fría
sal y pimienta al gusto
1 tajada de carne de cerdo preferentemente salada
1 cebolla blanca pequeña, picada
1 diente de ajo pequeño
4 cdas. de salsa de tomate*

Remoje los fríjoles en agua, desde la víspera. Escurra y cocine a fuego alto en 1 taza de agua, con el resto de los ingredientes. Cuando comience a hervir, disminuya el fuego y continúe la cocción hasta que estén tiernos. Puede agregarse más agua, si fuera necesario.

Fríjoles a la bostoniana

*½ taza de fríjoles blancos
2 tajadas de tocineta, cortada en trocitos
¼ cebolla blanca, picada
¼ cdita. de mostaza
1 cdita. de azúcar morena
½ cdita. de melaza (opcional)
1 cda. de salsa de tomate*

Remoje los fríjoles desde víspera. Cuele, cubra con suficiente agua y cocínelos por 1 a 1 ½ horas, hasta que estén blandos. Cuele de nuevo, reserve el agua y coloque los fríjoles en una refractaria honda. Fría la tocineta con la cebolla. Agregue la mostaza, azúcar, melaza y 1 taza del agua de cocción reservada. Salpimente y deje hervir. Retire del fuego y adicione la salsa de tomate. Vierta sobre los fríjoles, colocando encima trocitos de tocineta. Hornee a 180°C (350°F) durante 1 hora. Sirva de inmediato.

Fríjoles del cantante

*2 tiras de tocineta
¼ taza de carne molida de res
¼ taza de apio picado
¼ taza de cebolla picada
1 taza de caldo de pollo
1 diente de ajo pequeño, picado
¼ taza de salsa de tomate
¼ cdita. de mostaza
sal y pimienta al gusto
¾ taza de fríjoles cocidos*

Precaliente el horno a 190°C (375°F). Fría la tocineta hasta que esté tostada, retire de la sartén y agregue 2 cucharadas de aceite a la grasa. Incorpore la carne molida, apio y cebolla. Fría hasta que la carne esté dorada y la cebolla blanda. Vierta el caldo y los ingredientes restantes. Hornee durante ½ hora y sirva espolvoreado con tocineta desmenuzada.

Delicia de fríjol

*½ taza de fríjoles blancos cocidos
1 cda. de miel de abejas
½ cdita. de mostaza
½ taza de agua
1 clavo de olor
1 astilla de canela*

Precaliente el horno a 190°C (375°F). Mezcle todos los ingredientes y colóquelos en una refractaria pequeña. Hornee durante 20 minutos.

Fríjoles para el capitán

½ taza de fríjoles blancos
1 taza de agua
sal y pimienta al gusto
2 tiras de tocineta cortada en trocitos
1 cebolla roja pequeña, cortada en rodajas
y separadas en anillos

Remoje los fríjoles en suficiente agua, desde la víspera. Cuele y cocine con los ingredientes restantes. Cuando comience a hervir, disminuya el fuego y continúe la cocción a fuego bajo hasta que estén blandos. Si fuera necesario, agregue más agua. Sirva de inmediato.

Lentejas al estilo Iván

½ taza de lentejas
1 cda. de perejil fresco picado
2 cdas. de cebolla blanca picada
¼ hoja de laurel
1 diente de ajo pequeño
1 astilla de canela
2 tazas de agua
¼ taza de salsa de tomate
sal y pimienta al gusto

Cocine las lentejas con el perejil, cebolla, laurel, ajo, canela y agua. Deje hervir hasta que estén blandas y luego agregue la salsa de tomate, sal y pimienta. Sirva bien calientes

Pastas

Platos con
carnes
hierbas
especias
quesos
verduras

Sugerencias para cocinar pastas

La cantidad adecuada de pasta para una persona es de 100 gramos. Caliente abundante agua, con sal y un poco de aceite. Coloque la pasta en el agua hirviendo y cocine a fuego alto por 12 a 15 minutos. Cuando esté cocida, cuele y mezcle con la salsa. Sirva acompañada con abundante queso Parmesano rallado. No es aconsejable recalentarla, pero si fuera necesario, el mejor método es sumerjirla durante unos segundos en agua recién hervida.

Espaguetis a la carbonara

100 g de espaguetis
2 cdas. de tocineta frita desmenuzada
1 huevo batido
3 cdas. de crema de leche
queso Parmesano rallado

Cocine la pasta siguiendo las indicaciones anteriores. Mezcle con la tocineta, el huevo y la crema. Revuelva muy bien e incorpore el queso Parmesano. Sirva de inmediato.

Pasta al pesto

100 g de espaguetis o (tagliatteli)
3 nueces del Brasil finamente picadas
1 diente de ajo pequeño finamente picado
1/4 taza de hojas de albahaca finamente picadas
1/4 taza de queso Parmesano rallado
3 cdas. de aceite de oliva

Cocine la pasta siguiendo las indicaciones iniciales. Para preparar el pesto: mezcle las nueces con el ajo, hojas de albahaca, queso Parmesano y aceite de oliva. Revuelva muy bien y agregue a la pasta recién cocida.

Nota: el pesto se puede refrigerar en un recipiente pequeño, cubierto con aceite de oliva

Fetuccini al burro

100 g de fetuccini
2 cdas. de mantequilla
2 cdas. de queso Parmesano rallado
sal al gusto

Cocine la pasta siguiendo las indicaciones iniciales. Agregue la mantequilla, el queso y sal. Deje reposar por 1 o 2 minutos, antes de servir, para que el queso y la mantequilla se derritan.

Espaguetis con jamón

100 g de espaguetis
1/4 taza de jamón cocido cortado en cubitos
2 cdas. de mantequilla
2 cdas. de queso Parmesano rallado

Cocine la pasta siguiendo las indicaciones iniciales. Mientras tanto, fría el jamón en la mantequilla durante 2 o 3 minutos, y vierta sobre la pasta. Espolvoree con el queso Parmesano y sirva.

Pasta con calabacín

100 g de macarrones
2 cdas. de aceite de oliva
1/2 taza de calabacín, finamente cortado
sal y pimienta al gusto
2 cdas. de queso parmesano

Cocine la pasta siguiendo las indicaciones iniciales. Caliente el aceite y sofría el calabacín hasta que esté blando. Mezcle la pasta cocida con el calabacín, sal, pimienta y abundante queso Parmesano.

Pasta al tomate ✓

100 g de espaguetis
3 cdas. de aceite de oliva
1 diente de ajo pequeño picado
1 pizca de ají (opcional)
1 tomate mediano pelado, picado
4 hojas de albahaca fresca picadas
sal al gusto

Cocine la pasta siguiendo las indicaciones iniciales. Caliente el aceite de oliva, agregue el ajo, ají, tomate, albahaca y sal. Cocine la mezcla a fuego bajo, triturando el tomate con una cuchara de madera. Deje cocinar hasta obtener una salsa, y sirva sobre la pasta.

Pasta con champiñones

100 g de espagueti
1 cda. de mantequilla
2 cdas. de cebolla blanca, finamente picada
2 cdas. de arvejas
3 champiñones grandes cortados en tajadas
sal y pimienta al gusto
2 cdas. de queso Parmesano rallado
1 cdita. de perejil fresco picado

Cocine la pasta siguiendo las indicaciones iniciales. Mientras tanto, derrita la mantequilla con un poco de aceite, para que no se queme. Adicione la cebolla y sofría hasta que esté transparente. Añada 1/4 de taza de agua, arvejas, champiñones, sal y pimienta. Cocine hasta que las arvejas estén blandas. Agregue esta mezcla a la pasta cocida. Sirva con queso Parmesano y perejil picado.

Espaguetis con salchichas

100 g de espaguetis
2 cdas. de mantequilla
1 salchicha cortada en finas rodajas
1 cda. de cebolla blanca, picada
2 tomates, pelados y cortados en cubitos
sal y pimienta al gusto
¼ taza de queso Parmesano rallado

Cocine la pasta siguiendo las indicaciones iniciales. Derrita la mantequilla y fría la salchicha, a fuego bajo; retire. En esta misma grasa, sofría la cebolla. Añada los tomates, sal y pimienta; cocine a fuego medio hasta obtener una salsa. Incorpore la salchicha y la mitad del queso. Mezcle con los espaguetis y sirva espolvoreado con la mitad restante del queso.

Espaguetis con requesón

100 g de espaguetis
1 cda. de cebolla blanca picada
¼ taza de requesón
6 aceitunas negras deshuesadas
2 cdas. de aceite de oliva
sal y pimienta al gusto
2 cdas. de queso Parmesano rallado

Cocine la pasta siguiendo las indicaciones iniciales. Mezcle la cebolla con el requesón y las aceitunas, y aligere con aceite de oliva; salpi-mente y mezcle con la pasta. Sirva espolvoreado con abundante queso Parmesano.

Ensalada de pasta con pimiento

100 g de pasta (coditos)
1 huevo duro picado
1 pimiento rojo pequeño, cortado en cubitos
1 cda. de cebolla blanca picada
1 tomate pequeño picado
4 cdas. de atún
5 aceitunas verdes deshuesadas
3 cdas. de aceite de oliva
1 cda. de vinagre
sal y pimienta al gusto
1 cdita. de perejil fresco picado

Cocine la pasta siguiendo las indicaciones iniciales. Mezcle el huevo con la cebolla, vegetales, atún y aceitunas. Sazone con aceite, vinagre, sal, pimienta y perejil picado. Sirva de inmediato.

Tagliatelli a la albahaca

100 g de tagliatteli
2 cdas. de aceite de oliva
1 diente de ajo finamente picado
3 cdas. de perejil fresco picado
3 cdas. de albahaca fresca picada
queso Parmesano al gusto

Cocine la pasta siguiendo las indicaciones iniciales. Caliente el aceite y sofría el ajo, perejil, albahaca y sal, sin dejar que las hierbas se oscurezcan, hasta obtener una mezcla homogénea. Vierta sobre la pasta. Sirva espolvoreado con abundante queso Parmesano.

Verduras

**Platos con
frutas
granos
hierbas
especias
nueces
salsas
vinos**

Arvejas con apio

1/4 taza de apio picado
1/4 taza de agua hirviendo
sal y pimienta al gusto
1/4 taza de arvejas
2 cdas. de pimiento rojo
1 1/2 cdas. de mantequilla
1 cda. de crema de leche

Cocine el apio en agua con sal hasta que esté blando y crujiente. Escurra, agregue las arvejas, pimiento y mantequilla; deje hervir. Antes de servir, adicione la crema y la pimienta.

Cebolla rellena

1 cebolla blanca grande
2 cdas. de jamón cocido cortado en trocitos
sal y pimienta al gusto
3 ó 4 gotas de salsa inglesa (Worcestershire)
1 cdita. de salsa de tomate

Precaliente el horno a 180°C (350°F). Cocine la cebolla en agua hirviendo durante 15 minutos. Seque y retire el centro con una cuchara. Mezcle los ingredientes restantes y rellene la cebolla. Hornee durante 20 minutos.

Calabacín sabanero

1 calabacín mediano con cáscara, cortado en rodajas de 2 cm de grosor
2 huevos
1/4 taza de leche
1 1/2 cdas. de salsa de tomate
sal y pimienta al gusto
2 tajadas delgadas de queso amarillo

Precaliente el horno a 180°C (350°F). Cocine el calabacín en un poco de agua, durante 15 minutos. Seque las tajadas y dispóngalas en una refractaria pequeña engrasada. Mezcle los huevos con la leche, salsa de tomate, sal y pimienta; vierta sobre las rodajas de calabacín y cubra con las tajadas de queso amarillo. Hornee durante 30 minutos.

Brócoli al horno

1 taza de brócoli cocido
5 cebollines cocidos
2 cdas. de mantequilla
2 cdas. de harina de trigo
1/4 taza de leche
1/4 taza de caldo de gallina
1/4 taza de vino blanco
sal y pimienta al gusto
2 cdas. de queso amarillo rallado
2 cdas. de maní picado

Precaliente el horno a 190°C (375°F). Coloque el brócoli en una refractaria pequeña engrasada y cubra con los cebollines. Derrita la mantequilla y revuelva con la harina y la leche, hasta obtener una masa suave. Agregue el caldo y deje hervir a fuego bajo. Retire del fuego y adicione el vino, sal y pimienta. Vierta esta preparación sobre el brócoli y cubra con queso rallado y maní. Hornee hasta que dore por encima.

Brócoli a la española

1 taza de brócoli cocido, separado en ramos
2 cdas. de mantequilla
2 cdas. de jugo de limón
1 1/2 cdas. de maní molido

Fría los ramos de brócoli en la mantequilla. En el momento de servir, agregue el jugo de limón y el maní molido.

Habichuelas crujientes

1 1/4 tazas de agua
2 cdas. de mantequilla o margarina
sal y pimienta al gusto
3/4 taza de habichuelas
3 cdas. de nueces o maní

Hierva el agua y luego agregue la mantequilla, sal y pimienta. Cocine las habichuelas hasta que estén tiernas. En el momento de servir, mezcle con las nueces o el maní.

Anillos de cebolla

3 cdas. de harina de trigo
3 cdas. de leche
1 pizca de polvo para hornear
sal al gusto
1/4 cebolla blanca mediana, cortada en rodajas y separadas en anillos
5 cdas. de aceite caliente

Mezcle los 4 primeros ingredientes y sumerja los anillos de cebolla. Fríalos en aceite bien caliente, hasta que estén dorados.

Mazorca con tomates

1 mazorca desgranada
2 cdas. de mantequilla o margarina
2 cdas. de cebolla blanca, picada
2 cdas. de pimiento picado
1/4 cdita. de azúcar
1/2 tomate mediano, cortado en trozos

Cocine los granos de mazorca en agua sin sal durante 10 a 12 minutos. Cocine los ingredientes restantes, excepto el tomate, a fuego bajo. Incorpore la mazorca y continúe la cocción por 7 minutos más. Agregue el tomate y deje por otros 5 minutos más.

Berenjena india

1 berenjena pequeña cortada en rodajas
3 cdas. de harina de trigo
1/2 cdita. de polvo para hornear
sal al gusto
1/4 cdita. de curry en polvo
3 cdas. de leche
1 huevo
aceite

Cocine la berenjena en agua con sal durante 30 minutos, para quitarle el sabor amargo. Retire del agua, enjuague y seque. Bata los ingredientes restantes, excepto el aceite, con batidora. Sumerja las rodajas de berenjena en esta mezcla y fría en aceite bien caliente, volteándolas una vez. Escúrralas sobre una servilleta de papel, para eliminar el aceite. Sirva calientes.

Arvejas a la francesa

10 hojas de lechuga
1/2 taza de arvejas frescas
sal y pimienta al gusto
1 pizca de nuez moscada rallada
1 cda. de mantequilla

En el fondo de una olla, disponga 7 hojas de lechuga. Agregue las arvejas, sal, pimienta, nuez moscada y trocitos de mantequilla. Cubra con 3 hojas de lechuga, tape y cocine a fuego muy bajo por 15 a 18 minutos.

Arvejas con hierbabuena

1/2 taza de arvejas
2 cdas. de hierbabuena fresca picada
1 cda. de mantequilla derretida
sal y pimienta al gusto

Cocine las arvejas en el agua hirviendo, con la hierbabuena. Cuele y, antes de servir, adicione la mantequilla derretida, sal y pimienta.

Calabacines del Sol

3 cdas. de mantequilla
1 cdita. de aceite
3/4 taza de calabacín finamente cortado
2 cdas. de cebolla blanca picada
1/4 taza de crema de leche
1 cda. de leche
sal al gusto
1 pizca de paprika

En una sartén honda, derrita la mantequilla con el aceite, para que no se queme. Incorpore el calabacín y fría a fuego bajo hasta que esté blando. Mezcle los ingredientes restantes y adiciónelos al calabacín. Caliente, sin dejar hervir.

Calabacines con yogur

1 cda. de mantequilla derretida
1/2 taza de calabacín cortado en finas tajadas
sal y pimienta recién molida, al gusto
2 cdas. de yogur
1 pizca de paprika

Derrita la mantequilla y agregue el calabacín; salpimente. Tape la olla y cocine hasta que esté crujiente. Agregue el yogur y caliente, sin dejar hervir. Sirva salpicado con paprika.

Tomates fritos

3 rodajas de tomate firme
1 huevo batido
4 galletas de sal trituradas
4 cdas. de mantequilla

Sumerja los tomates en el huevo y luego rebócelos en las migas de galletas. Fría en mantequilla, por ambos lados. Sirva de inmediato.

Espárragos a la crema

3/4 taza de espárragos cocidos

Salsa blanca

2 cdas. de mantequilla
2 cdas. de harina de trigo
sal y pimienta al gusto
1/2 taza de leche

Para hacer la salsa blanca, derrita la mantequilla en una olla pesada e incorpore la harina, sal y pimienta. Cocine a fuego bajo hasta obtener una pasta suave. Retire del fuego y agregue la leche. Hierva hasta que espese. Cubra los espárragos con esta salsa y deje hervir por unos minutos.

Coliflor a la mantequilla

3/4 taza de coliflor, separada en flores
1 cdita. de jugo de limón
2 cdas. de mantequilla derretida
sal y pimienta al gusto
1 pizca de paprika

Cocine las flores de coliflor en agua con el jugo de limón. Una vez cocidas, mezcle con la mantequilla, sal, pimienta y paprika.

Coliflor al curry

1/2 coliflor mediana, separada en flores
2 cdas. de aceite
1/4 cebolla blanca pequeña, picada
2 tomates pelados y picados
1 diente de ajo pequeño, picado
1/2 cdita. de curry en polvo
1/4 cdita. de azúcar
sal al gusto
1/2 taza de agua
1 cda. de perejil fresco picado

Sumerja la coliflor en agua fría durante 1 hora. Caliente el aceite y fría la cebolla hasta que esté transparente. Agregue los tomates, ajo, curry, azúcar y sal; cocine por 5 minutos, revolviendo de vez en cuando. Incorpore la coliflor y el agua. Deje hervir a fuego bajo, sin dejar de revolver, hasta que esté blanda. Sirva espolvoreado con perejil.

Delicia de lechuga

1/4 cabeza de lechuga mediana
1 cda. de cebolla blanca bien picada
2 tiras de tocineta, cortadas en cubitos
1/4 cdita. de mostaza
1/2 cdita. de azúcar
sal y pimienta al gusto
1 cda. de maní molido

En un pequeño recipiente, mezcle la lechuga con la cebolla. Fría la tocineta y combine con la mezcla de lechuga y cebolla. Caliente la grasa de la tocineta en una sartén pequeña, y agregue la mostaza, azúcar, sal, pimienta y maní molido. Mezcle con la lechuga y sirva de inmediato.

Zanahorias al limón

1/2 zanahoria grande, cortada en finas rodajas
1 1/2 cdas. de jugo de limón
sal al gusto

Mezcle las rodajas de zanahoria con el jugo de limón y sal. Deje reposar, mínimo por 1 hora, antes de servir.

Barquitos de zanahoria

1 zanahoria grande
sal al gusto
1 pizca de azúcar
1/2 tajada de jamón, picada
1 pera pequeña picada
1/2 cda. de crema de leche
1/2 cda. de mayonesa
1/4 cdita. de jugo de limón

Cocine la zanahoria en muy poca agua con sal y la pizca de azúcar. Cuando esté blanda, retire del fuego y deje enfriar. Córtela en mitades a lo largo. Forme un hueco en cada mitad, retirando un poco de pulpa. Mezcle el jamón con la pera, crema, mayonesa, un poco de jugo de limón y la pulpa de zanahoria. Rellene la zanahoria con la mezcla y sirva.

Puré de zanahoria

1 zanahoria grande, pelada y cocida
1 cdita. de mantequilla
sal y pimienta al gusto
1 cda. de queso amarillo rallado

Triture la zanahoria con un tenedor, hasta obtener un puré. Agregue los ingredientes restantes y revuelva bien. Caliente a fuego bajo y sirva de inmediato.

Zanahoria parisina

1 taza de zanahoria cortada en rodajas
1/2 taza de agua hirviendo
1 cda. de mantequilla
1 cda. de azúcar
sal al gusto
1/2 cdita. de jugo de limón
1 astilla de canela
1 clavo de olor (opcional)

Coloque todos los ingredientes en una olla y tape bien. Cocine hasta que el agua se evapore y las zanahorias se doren en la mantequilla. Sirva de inmediato.

Zanahoria Margarita

1 1/2 cdas. de mantequilla
2 cdas. de cebolla blanca, picada
1 taza de zanahoria rallada
sal al gusto
1/2 cdita. de azúcar
1/2 taza de caldo de gallina
1 cda. de queso amarillo rallado

Precaliente el horno a 180°C (350°F). Derrita la mantequilla y fría la cebolla hasta que esté transparente. Agregue la zanahoria y revuelva bien. Vierta esta mezcla en una cacerola engrasada y rocíe con sal y azúcar. Cubra con el caldo y salpique con el queso. Tape y hornee hasta que las zanahorias estén blandas.

Mazorca frita

1 mazorca mediana tierna, desgranada
1 cda. de mantequilla
sal y pimienta al gusto
2 cdas. de crema de leche

Fría los granos de mazorca en la mantequilla. Agregue sal y pimienta. Cuando estén tiernos, adicione la crema y sirva bien caliente.

Frituras de mazorca

4 cdas. de aceite para freír
1 huevo
1/2 taza de mazorca molida (o batida con la batidora)
1/4 taza de harina de trigo
sal y pimienta al gusto
1/2 cdita. de polvo para hornear
1/4 cdita. de azúcar pulverizada

Caliente el aceite. Mezcle el huevo con los ingredientes restantes. Vierta la mezcla en el aceite, por cucharadas. Fría por ambos lados. Sirva de inmediato.

Habichuelas con mazorca

1/4 taza de habichuelas
1/4 taza de tomates, cortados en cubitos
sal al gusto
1 cda. de aceite de oliva (o girasol)
3/4 taza de mazorca desgranada

Hierva los 4 primeros ingredientes, hasta que las habichuelas estén blandas. Agregue la mazorca, cocine por unos minutos más y sirva.

Salpicón de mazorca

1/4 taza de mazorca desgranada, cocida
1/4 taza de cubitos de zanahoria cocidos
1/4 taza de arvejas cocidas
3 cdas. de crema de leche fresca
sal y pimienta al gusto

Mezcle todos los ingredientes y sirva, caliente o frío.

Mazorca criolla

1 cda. de mantequilla
1 cdita. de aceite
1/3 taza de mazorca desgranada y cocida
1 cda. de pimiento cortado en trocitos
1 cda. de cebolla blanca picada
1/4 taza de tomate cocido
sal y pimienta al gusto
1/3 taza de queso amarillo rallado

Derrita la mantequilla y agregue el aceite. Fría la mazorca y el pimiento hasta que estén transparentes. Cocine la cebolla con el tomate, sal y pimienta al baño maría durante 5 minutos. Añada la mazorca y cocine por 5 minutos más. Por último, adicione el queso y deje derretir, antes de servir.

Champiñones al vino

3 cdas. de mantequilla
1 1/2 tazas de champiñones enteros
1 cda. de harina de trigo
4 cdas. de perejil fresco picado
1/2 hoja de laurel
1 pizca de nuez moscada rallada
1/4 taza de caldo de gallina
4 cdas. de vino tinto

Derrita la mantequilla y fría los champiñones. Agregue la harina, perejil, laurel, nuez moscada y caldo. Cocine durante 7 minutos y luego adicione el vino. Sirva de inmediato.

Pimiento a la española

1 pimiento rojo grande, bien maduro
2 cdas. de aceite de oliva
1/2 cda. de vinagre blanco
2 dientes de ajo pequeños finamente picados
sal y pimienta recién molida, al gusto

Ase el pimiento por todos lados, hasta que quede negro. Deje enfriar y pele. Córtelo en tiras largas y colóquelas en un recipiente pequeño. Mezcle el aceite con el vinagre y agregue el ajo, sal y pimienta. Revuelva con el pimiento. Deje reposar por un rato. Es excelente para acompañar cualquier carne.

Espinaca a la crema

1 taza de espinaca cocida y cortada en trocitos
sal y pimienta al gusto
1 pizca de nuez moscada rallada
1 cda. de mantequilla derretida
1 cdita. de harina de trigo
1/4 taza de leche
1 huevo duro (opcional)

Espolvoree los trocitos de espinaca con sal, pimienta y nuez moscada. Coloque en una sartén y agregue la mantequilla. Añada la harina, mezclando muy bien. Por último, adicione la leche y deje hervir hasta obtener una salsa algo espesa. Si lo desea, decore con el huevo duro picado, antes de servir.

Apio y repollo al yogur

2 cdas. de mantequilla
2 cdas. de agua
1 tallo grande de apio, picado
1/4 repollo pequeño picado
1 cdita. de jugo de limón
sal y pimienta recién molida, al gusto
1/4 cdita. de azúcar
1/4 taza de yogur
1 cdita. de perejil fresco picado

Derrita la mantequilla y agregue el agua, apio y repollo. Tape y deje al fuego durante 10 minutos, revolviendo de vez en cuando. Añada el jugo de limón, sal, pimienta y azúcar. Continúe la cocción hasta que las verduras estén tiernas. Agregue el yogur y caliente, sin dejar hervir. Sirva espolvoreado con perejil picado.

Ensaladas

Platos con
frutas
hierbas
especias
verduras
yogur

Ensalada de habichuelas

½ taza de habichuelas cocidas
2 anillos de cebolla blanca
1 huevo duro cortado en rodajas
jugo de 1 limón
3 cdas. de aceite de oliva
sal y pimienta al gusto

Mezcle las habichuelas con la cebolla, huevo, jugo de limón, aceite, sal y pimienta. Sirva fría.

Habichuelas en vinagreta

2 cditas. de aceite para ensalada
1 cdita. de vinagre
sal al gusto
½ diente de ajo pequeño
pimienta recién molida, al gusto
½ taza de habichuelas cocidas

Prepare el aderezo, mezcle los 5 primeros ingredientes en su orden. Agregue las habichuelas y refrigere durante 1 hora, o de un día para otro.

Tomates a la vinagreta

1 tomate pequeño bien maduro, cortado en rodajas

Aderezo francés
2 cdas. de aceite de oliva
1 cda. de vinagre
½ diente de ajo picado
sal y pimienta recién molida, al gusto
perejil fresco picado

Coloque el tomate en un recipiente pando, de vidrio o cerámica. Mezcle los ingredientes del aderezo y vierta sobre el tomate. Deje marinar 2 ó 3 horas o durante toda la noche.

Tomates deliciosos

2 tomates pequeños bien maduros
2 cdas. de vinagre blanco
1 cda. de aceite
1 diente de ajo pequeño
sal y pimienta al gusto
1 cda. de perejil fresco picado

Sumerja los tomates en agua hirviendo por 5 minutos. Retire y pínchelos; deje que suelten el agua. Prepare una vinagreta con los ingredientes restantes y vierta sobre los tomates. Sirva decorados con perejil.

Ensalada Waldorf

½ manzana roja mediana con cáscara,
cortada en cubitos
¼ taza de apio picado
3 cdas. de nueces picadas
3 cdas. de mayonesa
1 hoja de lechuga

Mezcle los 4 primeros ingredientes y sirva sobre la hoja de lechuga.

Espinacas con yogur

1 taza de espinaca cortada en tiras
1 manzana roja pequeña con cáscara,
cortada en cubitos
¼ taza de yogur
sal y pimienta recién molida, al gusto

Mezcle todos los ingredientes y revuelva bien. Sirva fría.

Ensalada de repollo

¾ taza de repollo picado

Aderezo caliente

¼ taza de crema de leche
1 yema de huevo
1 cda. de vinagre
¼ cdita. de mostaza en polvo
sal y pimienta recién molida, al gusto

Combine todos los ingredientes del aderezo y caliente al baño maría, revolviendo a menudo, hasta que espese. Mezcle con el repollo. La ensalada se puede refrigerar varios días.

Ensalada italiana

1 tomate maduro grande, cortado en cubitos
¼ taza de queso mozarella, cortado en cubitos
1 ½ cdas. de aceite de oliva
1 cda. de albahaca fresca picada
sal y pimienta al gusto

Mezcle el tomate con el queso. Combine el aceite con la albahaca, sal y pimienta y agregue a la mezcla de tomate y queso.

Ensalada de pepino y menta

1 diente de ajo finamente picado
2 cdas. de yogur natural sin dulce
1 cda. de jugo de limón
1 cdita. de menta fresca
sal y pimienta al gusto
1/2 pepino mediano, cortado en tiras

Combine el ajo con el yogur, jugo de limón, menta, sal y pimienta. Incorpore al pepino.

Ensalada de zanahoria

1 zanahoria grande, pelada y rallada
2 cdas. de uvas pasas
2 cdas. de nueces o maní
sal al gusto
1 cdita. de jugo de limón
1/4 cdita. de cáscara rallada de limón
1/4 taza de mayonesa
2 hojas de lechuga

Mezcle la zanahoria con los ingredientes restantes y sirva sobre las hojas de lechuga.

Ensalada de papa

3/4 taza de papa sabanera cocida
1 cda. de apio picado
1 cda. de pepino cohombro picado
1 cda. de cebolla blanca picada
1/4 taza de aderezo francés (V. pág. 83)

Mezcle los 4 primeros ingredientes y luego agregue el aderezo francés.

Guacamole

1/2 aguacate grande pelado y deshuesado, hecho puré
1 cdita. de jugo de limón
sal y pimienta al gusto
1/2 tomate pequeño maduro picado
1 huevo duro picado

Mezcle el puré de aguacate con el jugo de limón, sal y pimienta. Adicione el tomate y el huevo duro. Sirva de inmediato o refrigere.

Ensalada de aguacate y naranja

1 cda. de vinagre blanco
1 1/2 cditas. de aceite de oliva (o girasol)
1 diente de ajo pequeño, picado
sal y pimienta recién molida, al gusto
1 cdita. de perejil fresco picado
1 aguacate pequeño con cáscara
1 naranja pelada, separada en cascos

Mezcle el vinagre con el aceite, ajo, sal, pimienta y perejil. Parta el aguacate en mitades, deshuese y retire la pulpa del centro, dejando un pequeño borde para formar una concha. Corte la pulpa en cubitos, mezcle con la naranja y el aderezo. Rellene las cáscaras de aguacate y refrigere hasta el momento de servir.

Salsas y aderezos

Platos con
frutas
hierbas
especias
huevos
nueces
verduras

Una buena salsa puede hacer las delicias de un plato simple. Las salsas van bien con todo. Una hoja de lechuga, para muchos insulsa, se torna exquisita cubierta con un buen aderezo. Se debe tener en cuenta que algunas salsas engordan. Por lo general, tienen un alto contenido graso y pueden ser pesadas para la digestión. En esta sección se incluyen recetas de distintos tipos de salsas. Use su creatividad e invente sus propias combinaciones.

Preparar salsas para una sola persona es casi imposible. Pero algunas pueden refrigerarse durante varios días, en óptimas condiciones.

Salsa fría de mostaza

1 cdita. de cebolla blanca picada
1 cdita. de mostaza
1 cdita. de azúcar
1 cda. de aceite de oliva
1 cda. de vinagre
1 cda. de alcaparras
2 yemas de huevo duro, trituradas

Mezcle todos los ingredientes. Es excelente para servir sobre una porción de carne fría o pescado.

Salsa mandarín para ensaladas

2 cdas. de jugo de limón
2 cdas. de salsa de soya
1 cdita. de azúcar

Mezcle todos los ingredientes. Es exquisita con pepino cohombro o tomates pequeños.

Mayonesa

1 yema de huevo
1/4 taza de vinagre (o jugo de limón)
sal y pimienta al gusto
1 taza de aceite

Coloque en la batidora la yema de huevo con el vinagre, sal y pimienta; bata a alta velocidad. Sin apagar la batidora, vierta el aceite en un hilo fino, hasta terminar. Rinde un poco más de 1 taza y puede refrigerarse por 10 días.

Mayonesa para ensalada de frutas

1/2 taza de mayonesa
1/4 taza de jugo de naranja
1/2 cdita. de cáscara rallada de naranja

Mezcle todos los ingredientes y vierta sobre la ensalada de frutas.

Mayonesa al curry

1/2 taza de mayonesa
1 pizca de jengibre en polvo
1/2 cdita. de curry en polvo
1/2 diente de ajo pequeño finamente picado
1/2 cdita. de miel de abejas
1 cdita. de uvas pasas picadas

Mezcle todos los ingredientes. Rinde 1/2 taza y puede usarse con platos de sal o dulce.

Salsa tártara

1/4 taza de mayonesa
1/4 cdita. de mostaza
1/4 cdita. de perejil fresco picado
1/2 cdita. de pepinos encurtidos picados
1 huevo duro finamente picado
1 cdita. de alcaparras picadas

Mezcle todos los ingredientes. Queda deliciosa sobre pescado frito.

Aderezo de yogur

1/4 taza de yogur
1/4 taza de mayonesa
1 cdita. de jugo de limón
1/4 cdita. de azúcar
sal y pimienta recién molida, al gusto

Mezcle todos los ingredientes hasta obtener una pasta suave. Sirva con ensalada de tomate y lechuga.

Aderezo de aguacate

1/4 aguacate pequeño maduro, hecho puré
1/4 taza de yogur natural sin dulce
1/2 diente de ajo pequeño, finamente picado
1/2 cdita. de jugo de limón
sal y pimienta recién molida, al gusto

Mezcle bien todos los ingredientes y sirva.

Aderezo dietético

1/4 taza de yogur descremado sin dulce
1/4 taza de jugo de tomate
1/4 cdita. de jugo de limón
sal y pimienta recién molida, al gusto

Mezcle los ingredientes en su orden, hasta obtener una pasta suave. Sirva con verduras crudas o cocidas.

Salsa golf

1/2 taza de salsa de tomate
1/4 taza de mayonesa
1/2 cdita. de mostaza
1 cdita. de salsa Perrin's
sal y pimienta al gusto

Mezcle todos los ingredientes hasta obtener una pasta suave. Rinde 3/4 de taza y es deliciosa sobre camarones o con huevos de codorniz. Ideal para ofrecer a invitados.

Salsa de pimiento

1 cda. de azúcar
1 cda. de mostaza
1/2 cebolla blanca pequeña
1 diente de ajo pequeño
1/4 cdita. de orégano
1 pimiento rojo grande
4 tomates cocidos y pelados
1 cda. de mantequilla

Licue los 7 primeros ingredientes con la mantequilla. Deje hervir por un momento y retire del calor.

Salsa de miel de abejas

1/4 taza de miel de abejas
1/4 taza de jugo de limón

Mezcle los ingredientes. Es excelente con una ensalada de frutas, para almorzar en un día caluroso

Salsa de mostaza

1/2 cebolla blanca pequeña, picada
1 cda. de mantequilla
1 cda. de harina de trigo
1/2 taza de caldo de pollo
2 cdas. de mostaza
sal y pimienta al gusto

Sofría la cebolla en la mantequilla hasta que esté transparente. Agregue la harina y cocine durante 1 minuto. Adicione el caldo, poco a poco, hasta obtener una salsa suave. Incorpore la mostaza y hierva durante 1 minuto. Salpimente, retire y sirva.

Postres

Platos con
chocolate
frutas
helados
licores
miel
nueces
yogur

Los postres son el final feliz de todas las comidas. Sin embargo, prepararlos para una porción es algo complicado. Por eso la mayoría de los que presentamos en esta sección son para 4 a 6 personas; pero no se preocupe; por su alto contenido de azúcar, puede conservarlos durante varios días. Nada mejor que tenerlos listos para ofrecer a los invitados o para picar entre comidas, aquellos días en que nos olvidamos de la dieta.

Postre de manzanas y ciruelas

1/4 taza de mantequilla
2 tajadas de pan de molde
2 manzanas rojas medianas, peladas
y cortadas en rodajas
1/2 taza de agua
1/2 taza de azúcar morena
10 ciruelas pasas deshuesadas,
remojadas en agua
1/2 cdita. de canela en polvo

Precaliente el horno a 180°C (350°F). Esparza mantequilla en un lado del pan y córtelo en 3 partes. Hierva las manzanas en el agua con la mitad del azúcar, por unos minutos. Retire del fuego y mezcle con las ciruelas pasas. Engrase una refractaria pequeña y espolvoree con azúcar. Coloque una capa de pan con el lado untado con mantequilla hacia abajo. Esparza encima la mezcla de ciruelas y manzana, terminando con una capa de pan con el lado untado de mantequilla hacia arriba. Espolvoree con azúcar y canela. Hornee durante 15 minutos. Sirva.

Gelatina de chocolate

1 taza de crema de leche
4 cdas. de azúcar
3 cdas. de cacao en polvo
1 sobre de gelatina sin sabor
1/2 taza de agua
1 cda. de miel de abejas
2 cdas. de maní picado

Bata 3/4 de taza de crema hasta espesar. Agregue 3 cucharadas de azúcar y el cacao; bata bien. Remoje la gelatina por unos minutos en 1/4 taza de agua fría y mezcle con 1/4 de taza de agua hirviendo. Añada a la mezcla anterior y coloque en un molde pequeño. Refrigere hasta que cuaje y desmolde. Mezcle la crema restante con la miel y vierta sobre la gelatina. Decore con el maní.

Mousse de chocolate y naranja

1 cdita. de cáscara rallada de naranja
3/4 taza de azúcar morena
2 huevos
2 yemas de huevo
6 cuadritos de chocolate amargo, derretidos
3 cdas. de jugo de naranja
1 taza de crema de leche espesa

Licue los 3 primeros ingredientes hasta que estén esponjosos. Agregue los restantes y vuelva a licuar hasta que se mezclen bien. Vierta en moldes individuales. Refrigere hasta el momento de servir.

Mousse de chocolate

1/4 taza de chocolate amargo
1/2 taza de agua hirviendo
1 cda. de gelatina sin sabor
1/4 taza de agua helada
3 huevos separados
1 taza de azúcar

Ralle el chocolate sobre el agua caliente y revuelva bien, hasta disolver. Ablande la gelatina en el agua fría y mezcle con el chocolate, cuidando que no se agrume. Bata las yemas, agregue 1/2 taza de azúcar e incorpore a la mezcla de chocolate. Bata las claras a punto de nieve, agregue la media taza de azúcar restante e incorpore a la mezcla del chocolate, con movimientos envolventes. Refrigere antes de servir.

Ponqué de chocolate al estilo Mónica

1/2 taza de mantequilla
1/4 taza de azúcar
1 cda. de miel de abejas
2 cdas. de leche
2 cdas. de cacao en polvo
1 cda. de azúcar pulverizada
2 tazas de galletas integrales dulces, trituradas
2 cdas. de miga de ponqué
2 cdas. de ciruelas pasas deshuesadas
4 cuadritos de chocolate semiamargo
1 cda. de margarina

Cocine la mantequilla con el azúcar, miel y leche, a fuego suave, hasta que la mantequilla se derrita. Retire del fuego, agregue cacao, azúcar pulverizada, galletas y migas, mezclando bien. Incorpore las ciruelas. Coloque la mezcla en un molde para tarta forrado con papel aluminio, hasta que cuaje. Desmolde sobre papel parafinado y decore con el chocolate semiamargo, derretido con la cucharada de mantequilla. Refrigere de nuevo y sirva frío.

Helado de chocolate casero

1 paquete de budín de chocolate
2 tazas de leche
1 cda. colmada de cacao en polvo
1 taza de crema de leche
1 lata grande de leche condensada
1/4 taza de nueces del Brasil, picadas

Prepare el budín con la leche, como se indica en el paquete. Agregue el cacao. Enfríe sobre agua helada, revolviendo de vez en cuando. Bata la crema hasta que espese y mezcle con el budín frío y la leche condensada, revolviendo bien. Congele la mezcla dentro de un recipiente con tapa, durante 24 horas. Sirva salpicando encima con las nueces.

No me olvides de chocolate

2 cdas. de gelatina sin sabor
1 taza de agua fría
1 taza de azúcar
6 huevos separados
1/2 taza de crema de menta
1/2 taza de crema de cacao
2 tazas de crema de leche espesa, batida

Disuelva la gelatina en el agua fría y agregue 1/2 taza de azúcar y las yemas de huevo. Cocine la mezcla hasta que espese un poco, retire del fuego y agregue las cremas de menta y de cacao. Enfríe hasta que cuaje un poco. Bata las claras a punto de nieve y agregue el azúcar restante. Incorpore la mezcla de gelatina y crema. Refrigere hasta que cuaje.

Encantos de chocolate

1/2 lb de goticas de chocolate (o chocolate semiamargo cortado en trocitos)
3 claras de huevo
1 taza de azúcar pulverizada
1/2 taza de galletas de soda trituradas
1/2 taza de maní picado
1 cdita. de esencia de vainilla

Precaliente el horno a 180°C (350°F). Derrita el chocolate al baño maría y deje enfriar un poco. Bata las claras a punto de nieve y luego agregue el azúcar, poco a poco. Continúe batiendo hasta que estén bien duras. Incorpore las migas de galletas, el maní, vainilla y chocolate. Vierta la masa por cucharaditas sobre una lata engrasada y hornee durante 12 minutos.

Sueño de naranja

1 clara de huevo
3 cdas. de azúcar
2 cdas. de jugo de naranja

Bata la clara a punto de nieve. Agregue el azúcar y bata un poco más. Por último, agregue el jugo de naranja. Coloque en una copa grande y refrigere 10 minutos. Rinde 1 porción.

Angelito de naranja

1 1/2 cdas. de mantequilla
1 taza de azúcar
2 huevos
cáscara rallada y jugo de 1 naranja
2 cdas. de harina de trigo
1 taza de leche

Precaliente el horno a 180°C (350°F). Bata la mantequilla con el azúcar hasta obtener una crema. Agregue las yemas de huevo, cáscara y jugo de naranja. Adicione la harina y la leche. Bata las claras a punto de nieve e incorpore a la mezcla de mantequilla con azúcar, con movimientos envolventes. Vierta en un molde engrasado y enharinado y hornee durante 50 minutos. Desmolde y sirva.

Manzana a la miel

1 manzana verde grande, pelada
y partida en mitades y sin caparazón
1 cda. de nueces picadas
1 cda. de miel de abejas
1 pizca de canela en polvo

Precaliente el horno a 180°C (350°F). Retire un poco de pulpa en el centro de la manzana y rellene con las nueces. Cubra con la miel y espolvoree con canela. Hornee durante 1 hora, o hasta que esté blanda. Se puede servir fría o caliente. Rinde 1 porción.

Manzanas esponjadas

3 manzanas verdes grandes
peladas, sin corazón
1/2 taza de azúcar
1/2 cdita. de jugo de limón
3 claras de huevo

Cocine las manzanas en suficiente agua hasta que estén tiernas. Triture con un tenedor hasta obtener un puré. Agregue el azúcar y el jugo de limón. Bata las claras a punto de nieve e incorpore la mezcla de manzana con movimientos envolventes. Sirva frío en copas.

Crema de banano

1 banano
1/2 yogur natural sin dulce
1 cda. de crema de leche
2 cdas. de azúcar
1 clara de huevo

Triture el banano y mezcle con el yogur, crema y azúcar. Bata la clara a punto de nieve e incorpore a la mezcla anterior, con movimientos envolventes. Vierta en una copa. Rinde 1 porción.

Gelatina de yogur y mandarina

1 cda. de gelatina sin sabor
1 cda. de agua fría
1 cda. de agua hirviendo
1 taza de jugo de mandarina
1 yogur natural sin dulce
azúcar al gusto

Remoje la gelatina en el agua fría. Deje reposar por 3 minutos y agregue el agua caliente, revolviendo hasta disolver bien. Mezcle el jugo de mandarina con el yogur y azúcar. Agregue a la gelatina. Refrigere antes de servir.

Dulzura de nuez

1 cda. de fécula de maíz
1/2 taza de leche
1 huevo
1 lata grande de leche condensada
1/2 taza de agua
10 nueces del Brasil, picadas

Disuelva la fécula en 1/2 taza de leche. Mezcle con el huevo. Caliente la leche condensada a fuego bajo, con el agua y las nueces. Añada la mezcla de fécula y deje hervir hasta que espese. Coloque en un molde pequeño hasta que cuaje.

Flan

1 huevo
4 cdas. de azúcar
1 pizca de sal
1 taza de leche
1/4 cdita. de esencia de vainilla
1 pizca de nuez moscada en polvo

Precaliente el horno a 180°C (350°F). Mezcle el huevo con el azúcar y sal. Agregue la leche y la vainilla. Coloque en 2 moldes pequeños engrasados y espolvoree con nuez moscada. Hornee por 40 a 50 minutos, hasta que cuajen. Deje enfriar y sirva.

Esponjado de fresa

2 sobres de gelatina sin sabor
1/2 taza de agua fría
1/2 taza de agua hirviendo
1 taza de jugo de fresa endulzado
4 claras de huevo batidas

Remoje la gelatina en el agua fría durante 5 minutos. Agregue el agua hirviendo y revuelva, evitando que se agrume. Vierta el jugo de fresa y deje enfriar. Incorpore las claras batidas. Refrigere hasta que cuaje.

Batido de ciruelas

*1 taza de ciruelas pasas deshuesadas,
cocidas y cortadas en trozos
3 claras de huevo
$1/3$ taza de azúcar
$1/4$ cdita. de sal*

Precaliente el horno a 180°C (350°F). Con una batidora, mezcle las ciruelas con las claras de huevo, azúcar y sal, hasta que estén homogéneas. Coloque en un molde pequeño, y cocine al baño maría, en horno, por 30 a 35 minutos. Desmolde y sirva.

Budín de lujo

*1 paquete de budín de caramelo
azúcar al gusto
2 tazas de leche
2 huevos separados*

Prepare el budín como se indica en el paquete, agregando un poco más de azúcar. Mezcle las yemas con un poco de budín caliente y después incorpore al budín restante, revolviendo para que no se corte. Bata las claras a punto de nieve e incorpore al budín con movimientos envolventes. Refrigere hasta que cuaje. Desmolde y sirva frío.

Espuma de fresa

*1 paquete de gelatina de fresa
1 taza de crema de leche batida
1 cda. de azúcar*

Prepare la gelatina como se indica en el paquete. Refrigere hasta que espese un poco, sin que cuaje totalmente. Agregue la crema batida con el azúcar y refrigere hasta que cuaje.

Budín de pan

*4 tazas de leche caliente
2 tazas de pan descortezado, cortado en cubitos
2 huevos ligeramente batidos
$1/2$ taza de azúcar
1 pizca de sal
1 cdita. de vainilla
3 cdas. de mantequilla derretida
2 bocadillos de guayaba, partidos en 4*

Precaliente el horno a 180°C (350°F). Vierta la leche sobre el pan y deje reposar por 10 minutos. Mezcle los huevos con el azúcar, sal y vainilla. Incorpore esta preparación a la mezcla anterior y adicione la mantequilla y el bocadillo. Coloque en un molde engrasado y cocine al baño maría en horno, durante 1$1/2$ horas.

Postre al estilo Tita

1 paquete de gelatina de fresa
3/4 taza de agua caliente
1 cdita. de gelatina sin sabor
3/4 taza de agua fría
3/4 taza de yogur natural sin dulce
1 taza de coctel de frutas escurrido

Mezcle la gelatina de fresa con el agua caliente. Remoja la gelatina sin sabor en el agua fría. Combine ambas gelatinas y agregue el yogur. Licue esta mezcla por unos segundos y agregue el coctel de frutas. Refrigere durante 3 horas.

Budín de arroz

2 huevos, ligeramente batidos
1/3 taza de azúcar
1 cdita. de vainilla
2 1/2 tazas de arroz cocido
2 tazas de leche
1/4 taza de uvas pasas

Precaliente el horno a 180°C (350°F). Mezcle los huevos con el azúcar y la vainilla. Agregue el arroz, la leche y las uvas pasas. Vierta esta mezcla en un molde engrasado y cocine al baño maría, en horno, por 1 hora.

Bananos brasileños

4 bananos cortados en trozos gruesos
2 cdas. de ron
2 cdas. de café instantáneo
6 cdas. de agua
2 cdas. de azúcar
4 tazas de yogur natural sin dulce
1 taza de crema de leche espesa
3 cdas. de nueces del Brasil picadas

Coloque los bananos en un recipiente de vidrio y rocíe con el ron. Aparte, disuelva el café en el agua, agregue el azúcar y deje enfriar. Incorpore el yogur y congele por 1 a 1 1/2 horas (debe estar bien frío, sin congelarlo). Bata muy bien la crema e incorpore a la mezcla de yogur frío. Cubra los bananos con la mezcla anterior y esparza encima las nueces. Refrigere durante 3 horas.

Postre de yogur

1 ponqué de vainilla cortado en tajadas
1 taza de fresas
1 taza de bananos cortados en rodajas
1/2 taza de azúcar
2 tazas de yogur natural sin dulce

Cubra una refractaria con tajadas de ponqué. Mezcle las frutas con el azúcar y luego incorpore el yogur. Vierta sobre el ponqué. Refrigere durante 3 horas, antes de servir.

Postre de mora

3 vasos de yogur natural sin dulce
1 taza de mora
3 cdas. de miel de abejas
1 pizca de canela en polvo

Licue el yogur con la mora y la miel. Coloque en recipientes individuales y espolvoree con canela. Refrigere por 1 hora.

El mejor arroz con leche

1/2 taza de arroz
4 tazas de leche
1 tarro grande de leche condensada
1 flan de vainilla disuelto en 2 tazas de leche
4 huevos separados
1/2 taza de coco rallado

Remoje el arroz en agua desde la víspera. Cuele y hierva con la leche hasta que abra. Agregue la leche condensada, el budín, las yemas batidas con un poco de agua y el coco. Cocine revolviendo con frecuencia, hasta que espese. Incorpore las claras batidas a punto de nieve, con movimientos envolventes. Deje enfriar y sirva.

Ensueño

galletas integrales dulces, en cantidad suficiente para cubrir el fondo de un molde plano mediano
1 taza de leche
1 taza de arequipe (dulce de leche)
1 taza de crema de leche

Remoje las galletas en la leche por unos minutos. Cubra con ellas el fondo del molde. Mezcle el arequipe con la crema y cubra las galletas. Refrigere, aproximadamente por 2 horas.

Postre de naranja

3 cdas. de fécula de maíz
1 taza de azúcar
1 pizca de sal
1/4 taza de leche fría
3/4 taza de leche caliente
2 yemas
4 cdas. de jugo de naranja

Cierna la fécula con el azúcar y sal. Revuelva con la leche fría. Cocine y luego combine con la leche caliente y las yemas, sin dejar de revolver. Cuando espese, retire del fuego y agregue el jugo. Deje enfriar y sirva.

Postre de limón con miel

1 paquete de gelatina de limón
3/4 taza de agua hirviendo
1/3 taza de miel de abejas
1 cdita. de cáscara rallada de naranja
3 cditas. de jugo de naranja
1 taza de crema de leche espesa, batida
3/4 taza de migas de galletas de leche

Disuelva la gelatina en 3/4 de taza de agua; agregue la miel y la cáscara y jugo de naranja. Refrigere hasta que esté semicuajado. Bátalo hasta que esponje; incorpore la crema batida. En el fondo de un molde coloque la mitad de la miga, encima la gelatina y luego la mitad restante de miga. Refrigere.

Mangos Massai

*4 mangos grandes maduros, pelados
y cortados en tajadas
1 cda. de jugo de limón
2 cdas. de azúcar
2 cdas. de agua
1 taza de crema de leche batida
1 pizca de nuez moscada rallada*

Hierva los mangos en una olla grande tapada, con el jugo de limón, azúcar y agua, a fuego bajo durante 5 minutos, hasta que estén blandos. Licue hasta obtener un puré suave e incorpore a la crema batida. Coloque en vasos y refrigere. Sirva espolvoreado con nuez moscada.

Esponjado de guayaba

*2 cdas. de gelatina sin sabor
1/2 taza de agua fría
1/2 taza de agua hirviendo
1 taza de jugo de guayaba, endulzado al gusto
4 claras batidas a punto de nieve*

Remoje la gelatina en el agua fría durante unos minutos y luego revuelva con el agua hirviendo, hasta disolver. Agregue el jugo y enfríe, sin que llegue a cuajar. Incorpore las claras con movimientos envolventes y vierta en un molde humedecido. Refrigere hasta que cuaje.

Helado de guayaba y menta

*2/3 taza de azúcar
1 taza de agua
6 guayabas
2 cditas. de hojas de menta
1 cdita. de jugo de limón
2 claras de huevo batidas*

Mezcle el azúcar con el agua y hierva por 30 segundos, hasta que tenga la consistencia de un jarabe claro. Deje enfriar y luego refrigere. Licue las guayabas con un poco de agua y jugo de limón; cuele. Agregue las hojas de menta y combine con el jarabe frío. Congele hasta que forme cristales. Licue y congele de nuevo. Licue este helado e incorpore a las claras. Vuelva a congelar. Debe sacarse del congelador 15 minutos antes de servir.

Fresas sofisticadas

*1/2 taza de fresas con sus hojas,
lavadas y refrigeradas
3/4 taza de azúcar morena;
3/4 taza de yogur natural sin dulce*

Sumerja las fresas en el azúcar y luego páselas por el yogur. Sirva en platos individuales. Es un postre delicioso y fácil de preparar, que sirve para una o varias personas.

Crema de vino

2 tazas de vino blanco
1/2 taza de agua
4 huevos
1/2 taza de azúcar

Mezcle el vino con el agua, los huevos y el azúcar. Cocine al baño maría, batiendo vigorosamente hasta que espese. Se puede servir fría o caliente.

Molde de saltamontes

1 sobre de gelatina sin sabor
1/2 taza de agua fría
1/2 taza de azúcar
3 huevos separados
1/4 taza de crema de menta
1/4 taza de crema de cacao
1 taza de crema de leche espesa batida

Espolvoree la gelatina sobre el agua y agregue 1/4 de taza de azúcar y las yemas. Mezcle bien y cocine al baño maría hasta que la gelatina se disuelva y la mezcla espese. Retire del fuego y agregue las cremas de menta y de cacao. Refrigere hasta que esté a medio cuajar. Bata las claras a punto de nieve y agregue poco a poco el azúcar restante. Incorpore con movimientos envolventes a la mezcla de gelatina; agregue la crema de leche batida. Vierta en un molde y refrigere.

Helado de ron con pasas

4 cdas. de uvas pasas
1 cda. de frutas cristalizadas
2 cdas. de ron oscuro
2 tazas de crema de leche espesa
4 cdas. de azúcar pulverizada
1/2 cdita. de esencia de vainilla
2 claras de huevo batidas a punto de nieve

Remoje las pasas con las frutas cristalizadas en el ron durante toda la noche. Mezcle la crema con el azúcar y la vainilla. Incorpore las pasas y frutas, el ron y las claras. Congele de un día para otro.

Crema francesa

2 yemas de huevo
2 huevos grandes
4 cdas. de azúcar pulverizada
2 tazas de crema de leche tibia
1 cdita. de esencia de vainilla

Precaliente el horno a 165°C (325°F). Bata las yemas con los huevos enteros. Agregue el azúcar, batiendo bien. Incorpore poco a poco la crema, y por último vierta la esencia de vainilla. Coloque la mezcla en una refractaria engrasada con mantequilla y hornee al baño maría durante 1 a 1 1/2 horas, o hasta que cuaje por completo.

Bebidas

**Chocolate
té y café**

Chocolate

Todo parece indicar que el cacao, de donde proviene el chocolate, nació en los valles de los ríos de América del Sur, y los mayas lo llevaron a México en el siglo VII de nuestra era. Moctezuma, el gran emperador de los aztecas, era un gran amante del chocolate; a él se debe su difusión por el Nuevo y el Viejo Mundo. Los aztecas tomaban el chocolate muy amargo, y cuando lo ofrecieron a Colón en las Isla de los Pinos, éste lo encontró de sabor desagradable.

Cuando Cortés llegó a México, en los umbrales del siglo XVI, Moctezuma compartió con él el gusto por el chocolate, el (xocolatl) que sólo bebían nobles y guerreros, en copas de oro, porque creían que tenía la virtud de ayudarlos «a tener buen trato con las mujeres».

Vino luego una larga época de opresión; los españoles despojaron a los aztecas de sus ritos, tradiciones y riquezas. El año 1512 trajo consigo la destrucción de Tenochtitlán. Poco a poco, llegaron a México los europeos, con el afán de hacer fortuna y, conscientes de las bienaventuranzas del cacao, impulsaron sus plantaciones.

Algunos años después de la derrota de los aztecas, los españoles agregaron azúcar al chocolate. Entonces, se fascinaron con la bebida. En la Ciudad Real de Chiapas, hoy llamada San Cristóbal de las Casas, las mujeres hacían que sus empleadas les llevaran el chocolate a la iglesia, para resistir las largas horas de misa. El Obispo prohibió esta costumbre, asegurando que quien bebiera chocolate en la catedral sería excomulgado. Fue tal la protesta femenina que, en una ocasión, hubo hasta pelea de espadas. El Obispo se mantuvo firme en su orden y las mujeres no volvieron a misa. Poco después el sacerdote enfermó de gravedad, y murió. Su médico aseguró que había sido envenenado. De allí el dicho: «Hay que cuidarse del chocolate de Chiapas».

Desde México, el chocolate inició su ruta por América y conquistó innumerables adeptos a su paso. Los españoles retornaron a su tierra natal cargados de riquezas y de nuevas costumbres, entre las que sobresale la afición por el chocolate. Así, a partir del siglo XVI se regularizó el envío de cacao a la Península Ibérica y se iniciaron las primeras fábricas para convertirlo en una pasta que se mezclaba con agua.

A pesar de los esfuerzos por mantener en secreto el procesamiento del cacao, éste se abrió camino, primero por Flandes y después por Italia y Alemania. Por último, desde Inglaterra el chocolate viajó a un país que ha desarrollado una verdadera pasión por él: los Estados Unidos.

Cómo preparar una buena taza de chocolate

Ante todo, es necesario tener los utensilios apropiados: una chocolatera pequeña de aluminio y un molinillo de tamaño adecuado. Para una persona, ponga un poco más de 1 taza de leche o, de acuerdo con su gusto, $1/2$ taza de leche y $1/2$ de agua. Agregue 1 trozo de chocolate de buena calidad, 1 astilla de canela y 1 clavo de olor. Caliente a fuego alto, y cuando esté a punto de hervir, bátalo. Déjelo hervir 3 veces (según la tradición), vuelva a batir y sirva una taza espumosa y deliciosa. En un día frío y lluvioso, no tiene igual.

Algunas personas tienen «paladar dulce». Si ése es su caso, agregue una pizca de azúcar cuando ponga el chocolate al fuego. Los conocedores dicen que el chocolate amargo es el más puro, el mejor. Si lo prefiere, prepárelo y agregue azúcar, clavos y canela al gusto.

Un dato curioso: hace poco, dos prestigiosos psiquiatras de Nueva York sugirieron que la tendencia de algunas personas, sobre todo mujeres, a comer chocolate con compulsión después de incidentes difíciles, puede obedecer a una forma de automedicación, tendiente a efectuar un balance en los componentes químicos que controlan las emociones. Dichos doctores sostienen que las personas que tienen emociones cambiantes presentan, a su vez, niveles deficientes de *feniletamina*, sustancia abundante en el chocolate. Así, los «adictos al chocolate» recurren a éste como consuelo, para evitar caer en una depresión honda y estabilizar inconscientemente sus niveles químicos corporales. Los experimentos realizados no han verificado, hasta la fecha, esta teoría. Pero, seamos honestos: ¿quién no ha consolado su corazón con una buena caja de chocolates?

Té

La historia cuenta que en el siglo III el emperador chino Shen Nung, gran amante de las hierbas medicinales, estaba hirviendo agua debajo de un árbol de la *Camellia thea*, cuando, por accidente, cayeron algunas hojas del arbusto sobre el agua. Después de unos segundos, la bebida adquirió una fragancia tan deliciosa que el magno Emperador no pudo resistir la tentación de probarla... Había nacido el té. Pocos días más tarde, Shen Nung escribió: «Esta bebida confiere al hombre vigor en el cuerpo, alegría en la mente y fuerza de voluntad cuando se consume por un largo tiempo».

Durante la Dinastía Ming -siglos XIV a XVI- el té llegó a Europa en un buque de bandera holandesa. La forma de prepararlo era la misma de sus orígenes: las hojas se sumergían en agua caliente. Se bebía en pequeñas tazas de porcelana blanca que resaltaban el color ambarino del líquido. Por ese tiempo se inventaron las teteras, cuya forma facilita mezclar las hojas con el agua y mantener el calor por algún tiempo.

Los matices del té: sólo existe una planta de té y parece imposible que haya tantas variedades. Los distintos tés se logran por el tipo de suelo en que se siembra la planta, el lugar, la edad de la hoja y las especias y flores que se agreguen. Existen dos grandes variedades: el té negro y el té verde. La hoja de este último se somete a un proceso especial de secado apenas se recoge. Para lograr un té negro, la hoja se deja fermentar por un tiempo considerable.

Cómo preparar una exquisita taza de té

1. Enjuague el recipiente donde se calentará el agua durante 1 o 2 minutos.
2. Mientras el agua hierve, enjuague una tetera de porcelana o cerámica con agua caliente.
3. Vierta 1 cucharadita de té por cada taza, y otra para la tetera.
4. Cuando el agua hierva, viértala en la tetera y deje reposar por cinco minutos. Sirva este delicioso té acompañado por galletas, panes y pasteles.

Café

Existen innumerables leyendas sobre el origen del café. La más popular cuenta que el pastor Kaldí observó que sus ovejas, al comer los rojos frutos de un arbusto, se llenaban de una extraña alegría. Kaldí, lleno de curiosidad, probó los frutos preferidos de su rebaño y una jubilosa embriaguez desconocida lo invadió. Cantó y bailó por días enteros. Unos monjes, al enterarse del milagro, secaron la cereza y la tostaron, para luego elaborar la bebida. Para el bien de la humanidad, el café había nacido.

El café comenzó su recorrido... y su lucha. Encontró gran acogida entre los mahometanos, pero se proscribió de inmediato, ya que el Corán prohibe el consumo de bebidas excitantes. El sultán Mohamed VI promulgó una ley estipulando que quienes bebieran café serían azotados, y que a los reincidentes no sólo se les arrancaría la lengua sino también serían arrojados desde los puentes de Constantinopla.

Los defensores del café estudiaron los libros sagrados y encontraron, en boca del profeta, estas palabras: «Les daré de beber, más tarde, un vino excelente, perfumado, que hará dichoso al que lo beba». La libre interpretación del texto estableció que esta bebida era el café y como la historia es contradictoria, se incorporó casi como una obligación religiosa. Se llegó a legislar, incluso, que el rechazo del café por parte de uno de los cónyuges sería motivo de divorcio. Al casarse, los esposos juraban, entre otras cosas, que el café estaría siempre presente en sus hogares. Con las expediciones a La Meca, el café recorrió el resto de Asia, y a finales del siglo XVII llegó a la India. Un siglo más tarde los colonizadores holandeses y franceses extendieron su cultivo y lo condujeron a Java, Surinam y las Antillas. De Surinam pasó a Venezuela y entró al Brasil y a la región de Rionegro, en el Orinoco. A este último lugar, que perteneció a Colombia hasta 1925, lo llevaron los sacerdotes de la Compañía de Jesús. Su siembra se extiende a todas las regiones de Colombia aptas para su cultivo.

Sugerencias para preparar un buen café

La Federación Nacional de Cafeteros de Colombia indica diez normas para preparar un buen café:

1. **El grano**: con un café menos tostado se elabora una bebida más suave, más clara, menos ácida y menos amarga. Con uno más tostado y oscuro se prepara una bebida más fuerte, ácida y amarga.

2. **Frescura**: el café se debe comprar semanalmente y guardar en un frasco con cierre hermético. Se puede refrigerar o congelar, protegido de sabores y olores extraños.

3. **Molienda**: se debe moler de acuerdo con la cafetera utilizada: la molienda fina se usa para cafeteras express; la media para coladores de tela, y la gruesa para percoladores.

4. **Pureza:** se debe usar agua fresca y pura. Es aconsejable dejar correr el agua, para no utilizar la que está almacenada en las tuberías.

5. **Limpieza:** la cafetera siempre se debe mantener limpia. Cada 2 o 3 meses es aconsejable lavarla con vinagre de frutas y bicarbonato.

6. **Temperatura:** para preparar café, el agua debe estar entre 90° a 100°C y utilizar apenas rompa el hervor. Para obtener una bebida más clara, es mejor agregar agua caliente al café preparado en la forma correcta.

7. **Residuo**: el café ya usado debe descartarse de inmediato.

9. **Bebida fresca y caliente**: lo ideal es consumir el café recién preparado. Se puede almacenar en termos de vidrio.

10. **Medida**: una cucharada de café por cada taza de agua.

Café internacional

2 tazas de agua
1 cdita. de azúcar morena (o panela rallada)
2 astillas de canela
cáscara rallada de 1 naranja pequeña
2 clavos de olor
1 cda. de café instantáneo

Combine los 5 primeros ingredientes; deje hervir por 5 minutos. Cuele la mezcla, agregue el café y sirva de inmediato, en tazas pequeñas. Rinde 4 porciones.

Cocteles

Preparación
Presentación

Bebidas alcohólicas

La medicina, la brujería y la culinaria tienen un origen afín: las infusiones que los hombres de la antigüedad preparaban para «alimentar», curar o convertir en poderosos a quienes las tomaban. Desde tiempos remotos, cercanos a sus orígenes, los antiguos utilizaron dos remedios para curar sus males: el vino y las hierbas.

Los egipcios descubrieron que las flores, las hojas y las especias se podían cocinar, macerar o preparar en infusiones con fines terapéuticos o culinarios. Así nacieron las primeras mezclas aromáticas que se guardaban, como ahora, en recipientes a prueba de aire.

El arte de destilar licores es árabe. Por alguna razón que la historia no ha podido dilucidar, los árabes volvieron líquido un polvillo negro, lo convirtieron en vapor y lo solidificaron de nuevo. Así nació una pintura para los ojos que llamaron *kohl*. Luego, mediante un proceso similar, destilaron el alcohol, cuyo nombre original es *Al koh l*. Cuenta la leyenda que las damas de los harenes, al encontrar las primeras uvas fermentadas, se aventuraron a probarlas y descubrieron sus deliciosos efectos. Por ellas se descubrió el alcohol.

Al prohibir el Corán las bebidas alcohólicas, los árabes se dedicaron a obtener, por el procedimiento de la destilación, agua de rosas, perfumes de jazmín y ungüentos medicinales. Fueron los monjes, aunque parezca contradictorio, quienes nos enseñaron a beber y a degustar el licor. En sus innumerables viajes llevaron los primeros licores destilados, y pregonaron las maravillas de sus efectos.

Arnau de Villanova, un profesor catalán, realizó profundos estudios sobre el alcohol. En sus tratados sostenía que el licor era esa panacea tantas veces buscada por la humanidad, el elixir de la vida, el sueño de los alquimistas.

El hombre de todos los tiempos ha realizado mezclas que enriquecen los productos originales, y ha creado nuevas y deliciosas bebidas. Esto es cierto, sin duda, en el arte de elaborar cocteles. Estas combinaciones, realizadas muchas veces por mandato divino y con fórmulas de brujas y magos, eran motivo de tributo a los dioses y se tomaban para suscitar o acrecentar el amor, el valor o el olvido. Muchas bebidas tenían poderes curativos o abrían caminos para la adivinación o la profecía.

En la India, en tiempos remotos, Indra, un dios veda, bebía *soma* elaborado con una planta alucinógena, agua, leche, cuajada y trigo. Los griegos mezclaban agua y miel y la exponían al sol durante 40 días, para obtener *hidromiel*.

Hipócrates, 400 años antes de nuestra era, elaboró el primer aperitivo: una mezcla de vino y hierbas. Siguiendo las ideas de los griegos, los romanos elaboraron una combinación de hidromiel y jugo fermentado de frutas, sobre todo de higos y dátiles. Faltaba un solo elemento para crear un coctel, y ahí los árabes juegan un papel muy importante.

Orígenes del coctel

La palabra inglesa *cocktail* se deriva de otras dos, *cock* y *tail*, que significan «gallo» y «cola». Se dice que en las riñas se daba a los gallos una mezcla de licores y hierbas que aumentaba su agresividad. Luego los dueños de los ganadores tomaban la misma bebida.

Los primeros cocteles nacieron en distintos puntos del planeta: el *Martini*, antecesor del *Dry Martini*, nació en el siglo XIX, en un hotel de San Francisco. El *Daiquirí* nació en Cuba en una época en la que el whisky escaseaba. Los franceses inventaron el *Sherry Cobbler*, que toma su nombre de un famoso café del Boulevard Saint Michel. En el famoso restaurante *Maxim's* nace el coctel de champaña.

Elementos necesarios para preparar cocteles

La cristalería

1. Copas de coctel: de boca ancha y forma cónica.
2. Vasos altos.
3. Vasos medianos (los que conocemos como vasos de agua).
4. Vasos anchos no muy altos.
5. Copas aflautadas: estrechas y con la boca más alta que el cuerpo.
6. Copas de champaña.
7. Copas balón: amplias y algo cerradas en la boca.
8. Jarros de cerveza.
9. Un vaso medidor (en onzas fluidas).

Bebidas básicas

1. Ginebra seca
2. Whisky
3. Ron: blanco y oscuro
4. Cognac o brandy
5. Vodka
6. Licor de hierbas
7. Champagne
8. Cerveza

Bebidas complementarias

Estas bebidas, cuya función es actuar sobre los aromas y sabores, dan fuerza a la bebida básica, y la transforman.

1. Vermut: seco, rojo y blanco
2. Bitter: Campari o Cinzano
3. Amargo: Amer Picón o Fernet Branca
4. Jugos de frutas enlatados
5. Zumos naturales y frescos, de limón y naranja

Toque final

Para resaltar sabores, aromatizar y decorar las bebidas.

1. Canela: en astilla y en polvo.
2. Nuez moscada entera o rallada
3. Clavos de olor enteros y en polvo
4. Menta fresca
5. Jarabe
6. Cerezas y aceitunas

PREPARE DELICIOSOS COCTELES

Forma de agitar la coctelera

Llene la coctelera hasta $2/3$ de su capacidad. Con el pulgar de la mano derecha sujete la tapa y con los dedos restantes, el vaso.

Coloque el dedo meñique de la mano izquierda en la base de la coctelera y con los restantes dedos, abarque el vaso.

Agite con movimientos cortos y enérgicos, por 3 segundos cada vez, con sus correspondientes intervalos. Realice 3 veces esta operación.

Los ingredientes se colocan en el siguiente orden: hielo, azúcar, huevos, leche, jugos y bebidas alcohólicas, de menor a mayor graduación alcohólica.

Utilización correcta del hielo

El hielo no se usa sólo para enfriar la bebida, sino también para suavizar los niveles alcohólicos y contribuir a que la mezcla se efectúe de una manera rápida y correcta. Por lo general, para una coctelera son suficientes de 4 a 6 cubitos de hielo. Para servir nunca se deben poner más de 3 cubos en un vaso.

Bloody Mary

1/2 oz fl de vodka
2 oz fl de jugo de tomate
1 cdita. de salsa Perrin's
1/2 cdita. de jugo de limón
sal y pimienta al gusto

Prepare con hielo en el vaso mezclador y sirva en un vaso mediano.

Manhattan

1/2 oz fl de vermut rojo
1 oz fl de whisky, preferentemente canadiense
1 cereza marrasquino

Prepare con hielo en el vaso mezclador y sirva en copa para coctel.

Daiquirí

1 1/4 oz fl de ron blanco
1/2 oz fl de jugo de limón
3 gotas de almíbar o jarabe

Prepare con hielo picado en la coctelera y sirva en una copa enfriada, decorado con 1 rodaja de limón.

Margarita

1 oz fl de tequila
1/2 oz fl de Triple Sec
1 oz fl de jugo de limón

Prepare con hielo en la coctelera y sirva en copas escarchadas con sal.

Sueños de rubí

1 oz fl de ginebra seca
1 oz fl de vermut rojo
1 1/2 cditas. de Chartreuse verde
1/2 cdita. de Curaçao rojo

Prepare con hielo en la coctelera y sirva en copa para coctel.

Saltamontes

1/2 oz fl de licor de menta
1/2 oz fl de licor de cacao
1/2 oz fl de crema de leche

Bata con hielo en la coctelera y sirva en copa para coctel.

Alexander

1/2 oz fl de Cognac
1/2 oz fl de licor de cacao
1/2 oz fl de crema de leche
1 pizca de nuez moscada rallada

Prepare con hielo en la coctelera y sirva en copa para coctel.

Negro hermoso

1/2 oz fl de ron blanco
1 1/2 oz fl de helado de chocolate

Bata bien los ingredientes y sirva en una copa flauta previamente enfriada.

Amoroso

1/2 oz fl de jugo de limón
1 oz fl de ron blanco
1 rodaja de limón

En un vaso pequeño, vierta el jugo de limón y el ron sobre cubitos de hielo. Decore con la rodaja de limón.

Corazoncito lindo

1 cdita. de azúcar
2 gotas amargas
4 oz fl de soda
3 cubitos de hielo
1 oz fl de ron

Diluya el azúcar en las gotas amargas, en un vaso alto. Agregue la soda y revuelva, mezclando bien. Añada el hielo y llene el vaso con ron.

Pisco sour

1 1/2 oz fl de Pisco
1 1/2 oz fl de jugo de limón
1 clara de huevo
1 cdita. de azúcar
1 gota amarga

Mezcle todos los ingredientes en una coctelera con hielo y sirva en una copa ancha escarchada con azúcar.

Siempre juntos

1 1/2 oz fl de ron blanco
1 oz fl de jugo de fresa
1 oz fl de jugo de naranja

Prepare en una coctelera con 3 cubos de hielo. Sirva en una copa alta, con hielo triturado.

MENÚS

Menús para invitaciones

Diez menús completos y balanceados

Menú 1

*Sopa de tomate
a la italiana*

Milanesas de ternera

*Cacerola de papa
y queso*

Cebollas escalfadas

Melones al vermut

Sopa de tomate
a la italiana

$1^{1}/_{2}$ lb de tomate bien maduro
1 pizca de azúcar
$1/_2$ taza de aceite de oliva
1 diente de ajo pequeño
1 cdita. de albahaca fresca
2 tazas de caldo de gallina
sal y pimienta al gusto

Sumerja los tomates en agua hirviendo por unos minutos; retire y pele. Córtelos en trocitos y espolvoree con el azúcar. Caliente el aceite y fría los tomates con el ajo y la albahaca, hasta que los tomates se deshagan. Agregue el caldo, sal y pimienta y continúe la cocción durante 5 minutos.

Milanesas de ternera

*4 tajadas de carne de ternera, especial
para milanesas
3 huevos batidos
sal y pimienta al gusto
1 taza de miga de pan
1/2 taza de aceite para freír
4 cascos de limón*

Si fuera necesario, aplane la carne y retire los nervios. Mezcle los huevos con sal y pimienta. Reboce la carne en esta mezcla y luego en la miga de pan, cubriéndola por completo. Fría en aceite bien caliente, por unos minutos en cada lado. Sirva con cascos de limón, para exprimir en la mesa.

Cebollas escalfadas

*2 cebollas blancas grandes
3 tazas de leche
2 tostadas untadas con mantequilla
1/2 taza de queso amarillo
1 huevo
sal y pimienta al gusto
2 cdas. de mantequilla*

Precaliente el horno a 180°C (350°F). Hierva las cebollas con 2 tazas de leche, hasta que estén tiernas. Coloque en una lata engrasada con mantequilla, sobre las tostadas. Esparza encima el queso rallado. Bata el huevo con la leche restante, sal y pimienta. Vierta esta mezcla sobre las cebollas y cubra con la mantequilla. Hornee durante 40 minutos.

Cacerola de papa y queso

*2 lb de papa sabanera pelada
6 cdas. de mantequilla
1/2 cdita. de sal
2/3 lb de queso mozzarella
6 huevos duros pelados
2/3 taza de perejil fresco picado
1/2 taza de queso Parmesano rallado
pimienta al gusto*

Precaliente el horno a 180°C (350°F). Cocine las papas hasta que ablanden un poco. Córtelas en trozos grandes. Derrita la mantequilla y engrase una refractaria grande no muy honda, con 2 cucharadas. Coloque una capa de papas, agregue sal y una capa de queso mozza-rella. Mezcle los huevos duros utilizando un tenedor, con la mantequilla restante, el perejil, sal y pimienta. Extienda sobre la capa de mozzarella y cubra con queso Parmesano. Hornee durante 30 minutos.

Melones al vermut

*2 tazas de melón cortado en trocitos
2 tazas de sandía cortada en trocitos
1 taza de vermut dulce*

Mezcle la fruta con el vermut, dejando que se empape bien. Refrigere, mínimo durante 2 horas, revolviendo de vez en cuando.

Menú 2

Sopa de ajo

Pollo a la cerveza

Molde de pasta

Ensalada de lechuga con mostaza

Sueño de piña

Sopa de ajo

1 taza de aceite de oliva
6 rebanadas de pan con corteza (del día anterior)
1 cda. de cebolla blanca picada
5 dientes de ajo medianos
6 tazas de agua hirviendo
sal al gusto
3 cdas. de perejil fresco picado
6 huevos

Caliente el aceite y fría el pan, hasta dorar. Retire y reserve. En la sartén, deje sólo 4 cucharadas de aceite y sofría la cebolla y los ajos. Coloque el pan en un recipiente resistente al fuego y agregue el aceite, la cebolla y los ajos. Adicione el agua hirviendo y sal; revuelva bien. Espolvoree con el perejil y deje hervir durante 10 minutos. Agregue los huevos y hornee hasta que cuajen.

Pollo a la cerveza

3 cebollas blancas medianas, finamente picadas
2 cdas. de aceite
2 dientes de ajo medianos
5 tomates grandes pelados
y cortados en trozos
sal y pimienta al gusto
1 pollo cortado en trozos
2 botellas de cerveza

Dore las cebollas en el aceite, agregue los dientes de ajo y los tomates. Deje cocinar hasta obtener una salsa. Adicione sal y pimienta. Incorpore los trozos de pollo a la salsa y cocine por 10 minutos. Vierta la cerveza y continúe la cocción hasta que el pollo esté blando.

Molde de pasta

4 huevos separados
1/2 taza de mantequilla derretida
2 tazas de pasta cocida
sal al gusto
1 taza de crema de leche
1/2 taza de queso rallado

Precaliente el horno a 180°C (350°F). Bata las yemas y agregue la mantequilla. Mezcle con la pasta cocida. Bata las claras a punto de nieve, con sal, crema y queso rallado. Incorpore esta mezcla a la pasta. Coloque en un molde engrasado y hornee durante 20 minutos, o hasta que esté firme.

Ensalada de lechuga con mostaza

3 cdas. de aceite de oliva
1 cda. de vinagre de vino
1 cda. de azúcar
1 cda. de mostaza
sal al gusto
1 yema de huevo, cocida y triturada
1 lechuga partida en trozos

Prepare una salsa con el aceite, vinagre, azúcar, mostaza, sal y la yema de huevo. En el momento de servir, mezcle con la lechuga.

Sueño de piña

1/2 taza de mantequilla
2/3 taza de azúcar
3 huevos separados, más 2 yemas
1/4 taza de miga de pan
1 taza de piña enlatada cortada en trozos
6 cerezas marrasquino

Ablande la mantequilla y mezcle con el azúcar y las yemas de huevo, miga de pan y piña. Bata las claras a punto de nieve e incorpore a la mezcla anterior, con movimientos envolventes. Coloque en un molde engrasado, y hornee al baño maría, durante 30 minutos. Sirva con cerezas marrasquino por encima.

Menú 3

Sopa exquisita de cebolla

Ternera al vino

Pilaf

Arvejas cremosas

Dulce de mora

Sopa exquisita de cebolla

12 puerros medianos, cortados en rodajas
¼ lb de mantequilla o margarina
6 tazas de caldo de gallina
1 cdita. de salsa inglesa (worcestershire)
sal y pimienta al gusto
4 tajadas de pan francés (opcional)
4 cdas. de queso Parmesano rallado (opcional)

Fría la cebolla en la mantequilla, hasta dorar. Agregue el caldo, la salsa, sal y pimienta y deje hervir a fuego bajo durante ½ hora. Para resaltar el sabor, es aconsejable preparar esta sopa con anticipación y hervirla de nuevo en el momento de servir. Se puede agregar pan francés y queso Parmesano rallado.

Ternera al vino

1 1/2 lb de carne de ternera, cortada
en finas tajadas
1/2 taza de harina de trigo
1/4 taza de aceite de oliva
2 dientes de ajo pequeño
2/3 taza de vino blanco
1/3 taza de agua
1 cebolla blanca mediana, rallada
sal y pimienta al gusto

Reboce los trozos de ternera en harina y fría en el aceite con el ajo, en una olla de presión destapada. Agregue los ingredientes restantes, tape y cocine por 15 minutos, contados desde que la olla comienza a pitar.

Pilaf

4 cdas. de mantequilla
1/2 taza de cebolla blanca finamente picada
1 cubo de caldo de gallina desmenuzado
1 taza de perejil fresco finamente picado
1/2 taza de uvas pasas
1/8 cdita. de clavos de olor molidos
1/8 cdita. de canela en polvo
2 tazas de arroz cocido

Derrita la mantequilla y dore la cebolla. Retire del fuego, agregue el cubo de caldo y revuelva hasta que se disuelva. Adicione el perejil, uvas pasas, clavos y canela. Combine esta mezcla con el arroz y caliente a fuego bajo, hasta que los sabores se incorporen.

Arvejas cremosas

2 tazas de arvejas cocidas
1/4 taza de crema de leche
1 diente de ajo pequeño
1 cdita. de aceite de oliva
1/2 cdita. de azúcar
sal al gusto

Mezcle todos los ingredientes, excepto las arvejas. Luego adicione a éstas y sirva frías.

Dulce de mora

1/2 lb de mora limpia, sin hojas
1/2 lb de azúcar
1 cdita. de canela en polvo

Cocine las moras a fuego bajo, con el azúcar y la canela, sin revolver. Cuando la espuma cubra las moras, retire del fuego. El dulce se sirve con queso blanco fresco.

Menú 4

Crema de alcachofa

*Pollo con arroz
al estilo chino*

*Ensalada de espinaca
con fresas*

Budín de manzanas

Crema de alcachofa

*6 alcachofas grandes
3 tazas de caldo de gallina
2 tazas de leche
4 cditas. de crema de leche*

Cocine las alcachofas con el caldo, en una olla de presión. Deje enfriar, retire el corazón y licue las hojas restantes agregando el caldo poco a poco. Cuele la mezcla y agregue la leche. Deje hervir y sirva con los corazones picados y la crema.

Pollo con arroz al estilo chino

1 pollo de 4 ó 5 lb, entero
1/4 taza de salsa de soya
1 cebolla blanca mediana, picada
2 tazas de arroz
1 taza de maní
1 taza de pan de molde cortado en cubitos
1/2 taza de aceite
1 taza de uvas pasas
2 tazas de caldo de gallina
1 cda. de fécula de maíz
1/2 taza de coco rallado

Cocine el pollo y luego agregue la salsa de soya y la cebolla. Cocine el arroz de manera corriente y, mientras está listo, retire la piel del pollo y desprese. Corte la carne en trozos pequeños. Fría el maní y los cubos de pan en el aceite bien caliente. Mezcle el arroz cocido con las pasas y cubra con el maní, los cubos de pan y el pollo. Rocíe con el caldo, espesado con la fécula. Por último, espolvoree con el coco rallado.

Ensalada de espinaca con fresas

1 manojo mediano de espinaca, lavadas, escurridas y cortadas a lo ancho
1 taza de fresas cortadas en mitades

Aderezo rápido

1/3 taza de aceite de oliva (o girasol)
4 cdas. de vinagre blanco
1 diente de ajo pequeño
1 cdita. de mostaza
1 cda. de perejil fresco finamente picado
1 pizca de azúcar
sal y pimienta recién molida, al gusto

Mezcle la espinaca con las fresas. Prepare el aderezo incorporando en un frasco con tapa todos los ingredientes. Sacuda y refrigere por 1 hora. Retire, sacuda de nuevo y vierta sobre la ensalada en el momento de servir.

Budín de manzanas

1 huevo
1/2 taza de azúcar
1/3 taza de harina de trigo
1 1/4 cditas. de polvo para hornear
1/4 cdita. de sal
1 taza de manzanas rojas peladas y cortadas en rodajas
1/4 taza de nueces del Brasil
1 cdita. de jugo de limón
1 cdita. de canela en polvo

Precaliente el horno a 180°C (350°F). Bata el huevo y agregue poco a poco el azúcar. Adicione la harina mezclada con el polvo para hornear y la sal. Incorpore las manzanas, nueces y jugo de limón. Vierta en una refractaria pequeña engrasada, y hornee durante 30 minutos. Se puede servir frío o caliente, espolvoreado con canela.

Menú 5

Sopa de repollo

Chuletas de cerdo hawaianas

Cazuela de papa

Gelatina de frutas

Flan de caramelo

Sopa de repollo

1 cebolla blanca mediana, finamente picada
2 dientes de ajo pequeños, picados
1 repollo pequeño, picado
3 tomates sin semillas y picados
sal y pimienta al gusto
5 tazas de agua
4 tajadas de pan del día anterior
4 tajadas de queso mozzarella
4 cdas. de cilantro fresco bien picado

Sofría la cebolla con el ajo hasta que la cebolla esté transparente. Agregue el repollo, tomates, sal y pimienta. Cubra con el agua y deje hervir hasta que tenga sabor. Coloque 1 tajada de pan y 1 de queso en el fondo de cada plato. Vierta encima la sopa y espolvoree con el cilantro.

Chuletas de cerdo hawaianas

4 chuletas de cerdo
sal y pimienta al gusto
harina para espolvorear
4 cditas. de aceite
4 tajadas de piña enlatada
4 ciruelas pasas deshuesadas
1/3 taza de agua
4 cerezas marrasquino

Sazone las chuletas con sal y pimienta; espolvoree con harina. Colóquelas en una sartén pesada con el aceite y cubra cada una con 1 tajada de piña y 1 ciruela. Cocine a fuego bajo durante 1 hora. Sirva decoradas con las cerezas.

Cazuela de papa

6 papas medianas peladas y cocidas
1 taza de queso crema
1 taza de leche
sal y pimienta al gusto
2 cdas. de perejil fresco picado
1/2 cebolla blanca mediana, picada

Precaliente el horno a 180°C (350°F). Cuando las papas estén frías córtelas en rodajas. Mezcle el queso crema con la leche. Engrase una refractaria y disponga capas en el siguiente orden: papa, sal, pimienta, perejil, cebolla y la mezcla de leche y queso, terminando con ésta. Hornee durante 15 a 20 minutos.

Gelatina de frutas

2 paquetes de gelatina de limón
1/2 taza de coco rallado deshidratado
2 manzanas rojas medianas, peladas y cortadas en cubitos
1 pimiento rojo pequeño, cortado en trozos
sal al gusto

Prepare la gelatina como se indica en el paquete. Vierta un poco en moldes individuales y deje que comience a cuajar. Mezcle el coco con la manzana y pimiento; rocíe con sal y disponga sobre la base de gelatina en los moldes. Cubra con más gelatina y refrigere durante 3 horas. Al servir, decore con más coco rallado.

Flan de caramelo

3 huevos enteros
3 yemas de huevo
1 3/4 tazas de azúcar
2 tazas de leche
1 cdita. de esencia de vainilla
3/4 taza de crema de leche batida
1/4 taza de agua

Bata los huevos con las yemas y 3/4 de taza de azúcar. En una olla pequeña, caliente la leche y, antes de que hierva, adicione los huevos. Agregue la vainilla y la crema batida. Hierva el azúcar restante con el agua en una olla pesada, a fuego bajo, hasta que empiece a derretirse, y luego revuelva hasta obtener un caramelo. Vierta en 4 refractarias individuales, cuidando de que queden bien cubiertas. Vierta la mezcla del flan en las refractarias y cubra con papel aluminio. Hornee a 180°C (350°F) durante 30 a 45 minutos.

Menú 6

Sopa de apio y queso

Ternera rápida

Arroz verde al estilo Hong Kong

Cebollas a la parmesana

Postre de naranjas al estilo de la Galia

Sopa de apio y queso

1 manojo pequeño de tallos de apio, desvenados y cortados en trozos
2 tazas de caldo de gallina
1 cda. de mantequilla
$1/2$ cda. de fécula de maíz
$1/2$ cda. de harina de trigo
2 tazas de leche
$1/2$ taza de queso crema
$1/2$ taza de queso Parmesano rallado
sal y pimienta al gusto

Cocine el apio en el caldo por 15 minutos. Deje enfriar, licue y cuele. Derrita la mantequilla y revuelva con la fécula, harina y leche. Incorpore esta mezcla al caldo y agregue los quesos, reservando un poco de Parmesano para espolvorear sobre la sopa. Sazone con sal y pimienta y deje hervir hasta que los quesos se derritan.

Ternera rápida

1 lb de carne de ternera cortada en trozos
¼ taza de aceite para freír
1 taza de cebolla blanca, cortada en trozos
1 taza de zanahoria, cortada en tiritas
1 yogur natural sin dulce
¼ cdita. de orégano deshidratado
1 pizca de tomillo deshidratado
sal y pimienta al gusto

Dore los trozos de ternera en una olla a presión, con el aceite. Agregue los ingredientes restantes, tape y cocine durante 15 a 20 minutos, contados desde que la olla comience a pitar.

Cebollas a la parmesana

6 cebollas blancas medianas, cortadas en rodajas y separadas en anillos
¼ taza de mantequilla
¼ taza de queso Parmesano rallado
sal al gusto
1 cda. de perejil fresco picado

Sofría las cebollas en la mantequilla hasta que estén transparentes. Agregue el queso y hornee hasta que éste se derrita. Espolvoree con sal y perejil. Sirva calientes.

Arroz verde al estilo Hong Kong

3 cdas. de mantequilla
⅛ cdita. de curry en polvo (o al gusto)
3 tazas de arroz cocido
⅓ taza de perejil fresco finamente picado
¼ taza de uvas pasas
¼ taza de nueces picadas
sal al gusto

Derrita la mantequilla, agregue el curry y mezcle bien. Añada los ingredientes restantes, caliente a fuego bajo y sirva.

Postre de naranjas al estilo de la Galia

1 paquete de gelatina de naranja
¾ taza de agua hirviendo
1 taza de jugo de naranja
1 tarro grande de leche condensada
¼ taza de crema de leche batida

Disuelva la gelatina en el agua hirviendo. Agregue el jugo de naranja y la leche condensada. Incorpore la crema batida a la mezcla y refrigere durante 3 horas.

Menú 7

Sopa de champiñones

Costillas de cerdo campesinas

Tortas de arroz

Ensalada de queso y frutas

Bananos rellenos

Sopa de champiñones

$1/2$ lb de champiñones, cortados en tajadas
$2 1/2$ tazas de caldo de gallina
1 pizca de albahaca deshidratada
1 pizca de orégano deshidratado
sal y pimienta al gusto
$1/3$ taza de leche en polvo

Hierva los champiñones con el caldo de gallina, hierbas, sal y pimienta, durante 20 minutos. Deje enfriar y licue con la leche en polvo. Deje hervir por 1 o 2 minutos y sirva.

Costillas de cerdo campesinas

4 costillas de cerdo
1 taza de cebolla blanca picada
2 dientes de ajo picados
sal y pimienta al gusto
2 cdas. de vinagre blanco
2 cdas. de salsa negra
3/4 taza de salsa de tomate
1 pizca de chile en polvo
3/4 taza de agua

Precaliente el horno a 180°C (350°F). Disponga las chuletas sobre una lata y cubra con la cebolla, ajo, sal y pimienta. Combine los ingredientes restantes y vierta sobre las chuletas y la cebolla. Hornee hasta que la carne esté blanda. Si fuera necesario, agregue más agua.

Tortas de arroz

3/4 taza de aceite
2 tazas de arroz cocido
1/4 taza de queso amarillo rallado
1/4 cdita. de polvo para hornear
1 cda. de harina de trigo
1 huevo batido
2 o 3 cdas. de leche

Caliente el aceite. Mezcle los ingredientes restantes y vierta por cucharadas en el aceite. Voltee una vez y fría hasta que estén bien doradas.

Ensalada de queso y frutas

2 manzanas rojas grandes, cortados en cubitos
2 tallos de apio medianos, cortados en trocitos
1 cda. de jugo de limón
1/2 taza de queso amarillo cortado en cubitos
1/2 taza de uvas, cortadas en mitades y sin semillas
jugo y cáscara rallada de 1 naranja
3 cdas. de yogur natural sin dulce

Mezcle las manzanas con el apio y rocíe con el jugo de limón. Incorpore el queso y uvas; mezcle bien. Añada el jugo y la cáscara de naranja al yogur y vierta sobre las frutas y el apio. Refrigere por 1 hora.

Bananos rellenos

4 bananos maduros cortados en mitades
4 cdas. de mantequilla derretida
6 cdas. de azúcar
1/2 cdita. de esencia de vainilla
2 huevos separados
1 cdita. de canela en polvo

Precaliente el horno a 180°C (350°F). Retire un poco de pulpa de las mitades de bananos. Triture hasta obtener un puré y mezcle con la mantequilla, 4 cucharadas de azúcar, vainilla y yemas. Cocine durante 3 minutos a fuego bajo y rellene los bananos. Bata la clara a punto de nieve con el azúcar restante y cubra los bananos. Hornee durante 15 minutos y espolvoree con canela.

Menú 8

Caldo de verduras

Lomito al Jerez

Mazorca y papas al estilo Barichara

Parfait de moka

Caldo de verduras

4 tazas de caldo de gallina
$1/4$ taza de zanahorias cortadas en cubitos
$1/4$ taza de arvejas
$1/4$ taza de habichuelas cortadas en trocitos
1 diente de ajo pequeño picado
1 cebolla larga
sal al gusto

Hierva todos los ingredientes con el caldo durante $1/2$ hora, hasta que las verduras estén blandas. Sirva.

Lomito al Jerez

1 lb de lomito de res
1/3 taza de mantequilla
sal y pimienta al gusto
1 taza de crema de leche agria
1/2 taza de Jerez
1/2 taza de aceitunas deshuesadas

Frote el lomo con la mantequilla y los condimentos y dore por todos lados. Cubra con la crema y el Jerez; hornee a 180°C (350°F), hasta que la carne esté blanda. Sirva los jugos de cocción, aparte, con las aceitunas.

Mazorca y papas al estilo Barichara

2 tiras de tocineta cortada en trocitos
1/2 cebolla blanca pequeña, picada
1 taza de granos de mazorca
3 tazas de papas cocidas, cortadas en cubitos
4 tazas de leche, bien caliente
3 cdas. de margarina
sal y pimienta al gusto

Fría la tocineta y retire; dore en la grasa la cebolla. Agregue los ingredientes restantes y cocine hasta que la mazorca esté tierna.

Parfait de moka

1 paquete de flan de vainilla
1 cda. de cacao en polvo
2 tazas de leche
1 taza de crema de leche espesa
2 cdas. de café fuerte
2 cdas. de azúcar
4 cerezas marrasquino

Mezcle el flan con el cacao y revuelva con la leche. Cocine sin dejar de revolver, hasta que hierva. Retire del fuego y deje enfriar. Bata hasta que quede cremoso. Bata la crema con el café y el azúcar hasta que estén firmes. Sirva en copas altas, alternando capas de flan y de crema batida. Encima, coloque un copete de crema y una cereza.

Menú 9

Sopa de papa criolla

Pechugas parisinas

Zanahorias tiernas

Arepitas de yuca

Torta de piña

Sopa de papa criolla

1 cebolla blanca mediana, finamente picada
2 cdas. de aceite
15 papas criollas grandes peladas
4 tazas de agua
1 cubo de caldo de carne
sal y pimienta al gusto

Fría la cebolla en el aceite. Cocine las papas en el agua, con el cubo de caldo y la cebolla frita. Hierva hasta que se ablanden, retire y haga un puré; salpimente e incorpore de nuevo al caldo. Hierva la sopa a fuego bajo durante 15 minutos.

Pechugas parisinas

4 filetes de pechuga de pollo
1/3 taza de jugo de limón
4 dientes de ajo pequeños, triturados con sal
sal y pimienta al gusto
1/3 taza de mantequilla derretida
2 cebollas blancas medianas, cortadas en rodajas y separadas en anillos
1/2 taza de vino blanco

Precaliente el horno a 190°C (375°F). Disponga los filetes sobre una refractaria. Mezcle los ajos triturados con el jugo de limón y pimienta. Esparza sobre los filetes, y cubra con la mantequilla derretida y la cebolla. Rocíe con el vino y deje marinar durante 24 horas. Tape y hornee durante 1 hora. Destape, aumente la temperatura a 235°C (450°F) y deje dorar.

Zanahorias tiernas

2 tazas de rodajas de zanahorias
3 cdas. de aceite de maíz (o girasol)
sal al gusto
1/4 cdita. de azúcar
1/4 taza de caldo de gallina
2 cditas. de fécula de maíz disuelta en 2 cditas. de caldo
1 pizca de nuez moscada rallada

En el aceite caliente, fría las zanahorias con la sal y el azúcar. Vierta el caldo y cocine hasta que la zanahoria esté un poco blanda y crujiente. Combine los ingredientes restantes y mezcle con la zanahoria. Cocine hasta que la salsa espese.

Arepitas de yuca

2 1/2 tazas de yuca rallada
1 huevo
1 cda. de mantequilla derretida
3/4 cdita. de azúcar
1/2 cdita. de sal
3 cdas. de leche
1 taza de aceite

Mezcle los 5 primeros ingredientes, agregue la leche hasta obtener una pasta suave. Vierta en aceite bien caliente, por cucharadas.

Torta de piña

1/3 taza de margarina
1 taza de azúcar
3/4 taza de harina de trigo
1 cdita. de polvo para hornear
1 pizca de sal
3/4 taza de leche
1 lata de piña en su jugo

Precaliente el horno a 180°C (350°F). Derrita la margarina en una refractaria honda, en el horno. Combine los ingredientes secos con la leche y vierta sobre la margarina, sin revolver. Coloque encima la piña y hornee por 1 hora.

Menú 10

Crema de calabacín

*Pescado
a la parmesana*

*Molde de queso
y arroz*

Repollo inolvidable

Budín de café

Crema de calabacín

*2 cdas. de cebolla larga finamente picada
1 diente de ajo pequeño, picado
2 1/2 tazas de calabacín, pelado
y cortado en rodajas
2 cdas. de mantequilla
1 cdita. de curry en polvo
1/2 taza de crema de leche
1 3/4 tazas de caldo de gallina
sal al gusto*

Cocine la cebolla con el ajo, calabacín y mantequilla, en una olla pesada, hasta que el calabacín esté tierno. Licue con los ingredientes restantes. Se puede servir caliente o fría.

Pescado a la parmesana

4 filetes de róbalo
sal y pimienta al gusto
1 taza de salsa de tomate
1/2 taza de queso Parmesano rallado
2 cdas. de mantequilla derretida
4 cdas. de alcaparras

Precaliente el horno a 420°C (425°F). Disponga el pescado en una refractaria y sazone con sal y pimienta. Cubra con la salsa de tomate y salpique con el queso, la mantequilla derretida y las alcaparras. Hornee durante 15 a 20 minutos. Sirva con rodajas de limón.

Molde de queso y arroz

1/3 taza de arroz cocido
1 huevo batido
2 cdas. de aceite de oliva
1/4 taza de leche
1/3 taza de queso amarillo rallado
sal al gusto
1 1/2 cdas. de perejil fresco picado

Precaliente el horno a 180°C (350°F). Mezcle todos los ingredientes y coloque en un molde engrasado. Cocine al baño maría al horno, por 30 a 45 minutos. Sirva espolvoreado con perejil picado.

Repollo inolvidable

1 repollo pequeño, picado
1/4 taza de mantequilla
1 cdita. de aceite
sal y pimienta al gusto
1/4 taza de cebolla blanca picada
1 taza de crema de leche

Precaliente el horno a 180°C (350°F). Fría ligeramente el repollo en la mantequilla con el aceite. Antes de retirarlo del fuego, agregue sal, pimienta y la cebolla. Coloque en una refractaria y vierta la crema. Hornee por 20 minutos.

Budín de café

1 paquete de budín de chocolate
1 taza de leche
1 taza de café fuerte

Mezcle el budín con la leche y el café. Deje hervir por 7 a 10 minutos, hasta que espese. Refrigere durante 3 horas

Glosario

arenque: nombre de varias especies de peces clupeidos, con cuerpo alargado de color verde-azulado y vientre plateado. Es muy apreciado por su sabor y valor nutritivo.

cardamomo: arbusto perenne, cingiberáceo, de Asia. Una de las más antiguas especias, su semilla, contenida en cápsulas, aromatiza platos dulces o salados y es uno de los ingredientes de los polvos de curry. También se emplea como digestivo y contra el mal aliento.

daiquirí: coctel preparado con ron, que tomó su nombre de una costa cubana. Suele presentarse en una copa escarchada.

estragón: hierba aromática procedente de Asia. Sus hojas se utilizan en ensaladas, salsas, preparaciones de pollo, huevos, purés y cremas.

gazpacho: plato típico de las regiones del sur de España. Consiste en una sopa a base de tomates, ajo, aceite, miga de pan, vinagre, agua y sal. Al servir fría se le añade un picadillo de cebolla, pepino y pimiento, y se acompaña con trocitos de pan frito.

menta: planta aromática que se utiliza en infusión, como condimento en algunos platos o como aromatizante para licores, jarabes y bebidas.

merluza: pez marino de forma alargada y sin barbillas. Comprende varias especies de color dorado con el vientre blanco y pocas espinas. Su cocción debe ser corta, pues tiende a deshacerse. Es magro, de fácil digestión y rico en proteínas.

nuez moscada: semilla de un árbol tropical de Asia y América, llamado mirística. Tiene forma ovoide y olor y sabor especiados. La nuez es el grano de la semilla y tiene un fino envoltorio en forma de tiras llamado macis, que constituye otra especia. Se usa para sazonar platos de papas, huevos, queso, salsas, sopas, carnes y en pastelería; también aromatiza numerosos licores y cocteles.

orégano: nombre de la mejorana silvestre y de otras plantas con características similares, originarias de Asia. Se emplea en diversas preparaciones, como sopas, pizza, salsas de tomate, gulasch, carnes y legumbres. Se extrae de él un aceite esencial usado en la industria de alimentos.

pilaf: preparado de origen oriental, compuesto por arroz dorado en aceite o mantequilla y cocido con caldo y especias. Se sirve con carne, aves o pescado, mezclados con hortalizas. Se presenta moldeado en corona con la guarnición y salsa en el centro.

salvia: planta aromática con hojas de sabor picante y amargo, de forma oblonga, gruesas y vellosas, que tienen color verde ceniciento. Se usa para condimentar alimentos grasos, quesos y diversas bebidas y sopas.

Índice de recetas por grupos

Sopas

Sopa de papa licuada 18
Sopa de papa y tomate 18
Crema de coliflor 18
Sopa cristalina 18
Crema de zanahoria 19
Sopa de fríjol 19
Sopa de queso 19
Sopa campesina de repollo 19
Sopa de auyama 20
Crema de alcachofa 20
Crema de brócoli 20
Caldito mexicano 20
Sopa francesa de cebolla 21
Sopa de lenteja 21
Sopa de tomate 21
Sopa de yuca 21
Caldo de papa 22
Crema de ostra 22
Sopa de pescado 22
Sopa de pollo con maní 22
Sopa fácil de cebolla 24
Sopa fría de aguacate 24
Sopa de arroz 24
Gazpacho 24
Crema de espinaca 24
Crema de coliflor 23
Caldo chino de florecitas 23
Sopa griega de limón 23
Sopa de pepino al estilo iraní 23

Huevos

Huevos tibios 26
Huevos duros 26
Huevos pochés 27
Huevos fritos 27
Huevos revueltos 27
Huevos en nido 27
Huevos sobre tostadas 28
Huevos rancheros 28
Huevos para los domingos 28
Huevo relleno a la manera del gurú 28

Entradas

Queso frito 30
Bolitas de ajonjolí 30
Pizza rápida 31
Pan relleno 31
Emparedados calientes 31
Arepas sincronizadas 31
Apio relleno 32
Aguacate relleno con camarones 32
Huevo relleno 32
Barquillos de mortadela 32
Tomate de María Eugenia 33
Tomate al horno 33
Salchichas sorpresa 33
Alcachofas Juliana 33
Champiñones al vino 33
Bocaditos de cebolla 33

Pescados y mariscos

Róbalo agridulce 35
Filete de róbalo al maní 36
Molde de pescado y queso 36
Molde de pescado 36
Molde de atún con arroz 36
Atún o salmón escalfado 37
Pescado al romero al estilo Paula 37
Ensalada de pescado 37
Pâté de pescado 38
Trucha rellena 38
Tortas de atún 38
Róbalo para príncipes 38
Pescado al estilo mediterráneo 39
Merluza apanada 39

Camarones al vino 39
Ceviche peruano 39

AVES

Pollo 41
Pollo en salsa de piña 41
Ensalada de pollo al estilo Pekín 42
Ensalada de pollo y queso 42
Ensalada de pollo y uvas 42
Pechugas con mazorca 42
Pollo con champiñones 43
Pechuga a la crema 43
Curry de pollo o langostinos 43
Pollo catalán 44
Pollo al estragón y vino 44
Ensalada caliente de pollo al estilo Kenia . 44
Pollo al horno 44
Pollo al kumis 45
Pollo a la naranja 45
Pollo con tocineta 45
Pollo indonesio 45
Pollo al yogur 46
Pollo oriental 46
Pollo Marengo 46
Pollo en salsa de piña 46
Pollo en leche 47
Pollo a la mandarina 47
Pavo 48
Pavo del rey 48

CARNES

Lomo con ciruelas pasas 50
Cerdo de primavera 51
Chuleta de cerdo 51
Chuleta de cerdo a la naranja 51
Chuleta de cerdo suprema 51
Costillas del panal 51
Delicia de jamón 52
Chuleta con salsa de tomate 52
Chuleta a la milanesa 52
Chuleta de cerdo a la crema 53

Cerdo con champiñones 53
Jamón con frutas 53
Estofado de res 53
Hamburguesa 54
Molde de carne con tocino 54
Carne con pimiento 54
Stroganoff 54
Ropa vieja 55
Carne al curry 55
Carne con crema agria 55
Albóndigas hawaianas 55
Carne al vino 56
Carne cantonesa 56
Gulasch húngaro 56
Ensalada de carne fría 56
Ternera al vino 57
Ternera a la paprika 57
Ternera del seductor 57
Ternera «Cordon bleu» 57
Ternera del malabarista 58
Ternera de Breznia al estilo Antonio 58
Ternera a la húngara 58
Cordero al tomate 58
Cordero al curry 59
Cocido de cordero 59
Cordero de Armenia 59
Hígado al limón 59

ARROZ

Arroz blanco 61
Arroz dorado 61
Arroz con espinaca 61
Arroz con soya 61
Pilaf 62
Arroz con Cola 62
Arroz con tomate 62
Arroz con naranja 62

PAPAS

Papa asada 64
Papa rellena 64

Papas a la cabaña 64
Papas con perejil y mantequilla 64
Papas del campamento 64
Papas caseras 64
Puré de papa 65
Papa con yogur 65
Papas esponjosas 65
Papas con queso 65
Papas francesas al horno 65

Granos

Fríjoles a la antigua 67
Fríjoles a la bostoniana 67
Fríjoles del cantante 67
Delicia de fríjol 67
Fríjoles para el Capitán 68
Lentejas al estilo Iván 68

Pastas

Espaguetis a la carbonara 70
Pasta al pesto 70
Fettucini al burro 71
Espaguetis con jamón 71
Pasta con calabacín 71
Pasta al tomate 71
Pasta con champiñones 71
Espaguetis con salchichas 72
Ensalada de pasta con pimiento 72
Espaguetis con requesón 72
Tagliatelli a la albahaca 72

Verduras

Arvejas con apio 74
Calabacín sabanero 74
Cebolla rellena 74
Brócoli al horno 74
Brócoli a la española 75
Habichuelas crujientes 75
Anillos de cebolla 75

Mazorca con tomates 75
Berenjena india 76
Arvejas a la francesa 76
Arvejas con hierbabuena 76
Calabacines del Sol 76
Calabacines con yogur 77
Tomates fritos 77
Espárragos a la crema 77
Coliflor a la mantequilla 77
Coliflor al curry 78
Delicia de lechuga 78
Zanahorias al limón 78
Barquitos de zanahoria 78
Puré de zanahoria 79
Zanahoria parisina 79
Zanahoria Margarita 79
Mazorca frita 79
Frituras de mazorca 80
Habichuelas con mazorca 80
Salpicón de mazorca 80
Mazorca criolla 80
Champiñones al vino 81
Espinaca a la crema 81
Pimiento a la española 81
Apio y repollo al yogur 81

Ensaladas

Ensalada de habichuelas 83
Habichuelas en vinagreta 83
Tomates a la vinagreta 83
Tomates deliciosos 83
Ensalada Waldorf 84
Ensalada de repollo 84
Espinacas con yogur 84
Ensalada italiana 84
Ensalada de pepino y menta 85
Ensalada de zanahoria 85
Ensalada de papa 85
Guacamole 85
Ensalada de aguacate y naranja 85

Salsas y aderezos

Salsa fría de mostaza 87
Salsa mandarín para ensaladas 87
Mayonesa 88
Mayonesa para ensalada de frutas 88
Mayonesa al curry 88
Salsa tártara 88
Aderezo de yogur 88
Aderezo de aguacate 88
Aderezo dietético 89
Salsa golf 89
Salsa de mostaza 89
Salsa de pimiento 89
Salsa de miel de abejas 89

Postres

Postre de manzanas y ciruelas 91
Gelatina de chocolate 92
Mousse de chocolate 92
Mousse de chocolate y naranja 92
Ponqué de chocolate al estilo Mónica 92
Helado de chocolate casero 93
Encantos de chocolate 93
No me olvides de chocolate 93
Sueño de naranja 93
Angelito de naranja 94
Manzana a la miel 94
Manzanas esponjadas 94
Crema de banano 94
Gelatina de yogur y mandarina 95
Flan 95
Dulzura de nuez 95
Esponjado de fresa 95
Batido de ciruelas 96
Budín de lujo 96
Espuma de fresa 96
Budín de pan 96
Postre al estilo Tita 97
Bananos brasileños 97
Budín de arroz 97
Postre de yogur 97
Postre de mora 97
El mejor arroz con leche 98
Ensueño 98
Postre de naranja 98
Postre de limón con miel 98
Mangos Massai 99
Esponjado de guayaba 99
Helado de guayaba y menta 99
Fresas sofisticadas 99
Crema de vino 100
Molde de saltamontes 100
Helado de ron con pasas 100
Crema francesa 100

Bebidas

Chocolate 102
Cómo preparar una buena taza
   de chocolate 103
Té 103
Cómo preparar una exquisita taza de té . 104
Café 104
Sugerencias para preparar un buen café 105
Café internacional 105

Cocteles

Bebidas alcohólicas 107
Orígenes del coctel 108
Elementos necesarios para
   preparar cocteles 108
Prepare deliciosos cocteles 109
Bloody Mary 110
Manhattan 110
Daiquirí 111
Margarita 111
Sueños de rubí 111
Saltamontes 111
Alexander 111
Negro hermoso 111
Amoroso 112
Corazoncito lindo 112
Pisco sour 112
Siempre juntos 112

Menús para invitaciones

Menú 1
Sopa de tomate a la italiana 114
Milanesas de ternera 115
Cacerola de papa y queso 115
Cebollas escalfadas 115
Melones al vermut 115

Menú 2
Sopa de ajo 116
Pollo a la cerveza 117
Molde de pasta 117
Ensalada de lechuga con mostaza 117
Sueño de piña 117

Menú 3
Sopa exquisita de cebolla 118
Ternera al vino 119
Pilaf 119
Arvejas cremosas 119
Dulce de mora 119

Menú 4
Crema de alcachofa 120
Pollo con arroz al estilo chino 121
Ensalada de espinaca con fresas 121
Budín de manzanas 121

Menú 5
Sopa de repollo 122
Chuletas de cerdo hawaianas 123
Cazuela de papa 123
Gelatina de frutas 123
Flan de caramelo 123

Menú 6
Sopa de apio y queso 124
Ternera rápida 125
Arroz verde al estilo Hong Kong 125
Cebollas a la parmesana 125
Postre de naranjas al estilo de la Galia .. 125

Menú 7
Sopa de champiñones 126
Costillas de cerdo campesinas 127
Tortas de arroz 127
Ensalada de queso y frutas 127
Bananos rellenos 127

Menú 8
Caldo de verduras 128
Lomito al Jerez 128
Mazorca y papas al estilo Barichara 128
Parfait de moka 128

Menú 9
Sopa de papa criolla 130
Pechugas parisinas 131
Zanahorias tiernas 131
Arepitas de yuca 131
Torta de piña 131

Menú 10
Crema de calabacín 132
Pescado a la parmesana 133
Molde de queso y arroz 133
Repollo inolvidable 133
Budín de café 133

Índice alfabético

A

Aderezo de aguacate 88
Aderezo de yogurt 88
Aderezo dietético 89
Aguacate relleno con camarones 32
Albóndigas hawaianas 55
Alcachofas Juliana 33
Alexander 111
Amoroso 112
Angelito de naranja 94
Anillos de cebolla 75
Apio relleno 32
Apio y repollo al yogur 81
Arepas sincronizadas 31
Arepitas de yuca 131
Arroz 60
Arroz blanco 61
Arroz con Cola 62
Arroz con espinaca 61
Arroz con naranja 62
Arroz con soya 61
Arroz con tomate 62
Arroz dorado 61
Arroz verde al estilo Hong Kong 125
Arvejas a la francesa 76
Arvejas con apio 74
Arvejas con hierbabuena 76
Arvejas cremosas 119
Atún o salmón escalfado 37
Aves 40

B

Bananos brasileños 97
Bananos rellenos 127
Barquillos de mortadela 32
Barquitos de zanahoria 78
Batido de ciruelas 96
Bebidas 101
Bebidas alcohólicas 107
Berenjena india 76
Bloody Mary 110
Bocaditos de cebolla 33
Bolitas de ajonjolí 30
Brócoli a la española 75
Brócoli al horno 74
Budín de arroz 97
Budín de café 133
Budín de lujo 96
Budín de manzanas 121
Budín de pan 96

C - CH

Cacerola de papa y queso 115
Café 104
Café internacional 105
Calabacín sabanero 74
Calabacines con yogur 77
Calabacines del Sol 76
Caldito mexicano 20
Caldo chino de florecitas 23
Caldo de papa 22
Caldo de verduras 128
Camarones al vino 39
Carne al curry 55
Carne al vino 56
Carne cantonesa 56
Carne con crema agria 55
Carne con pimiento 54
Carnes 49
Cazuela de papa 123
Cebolla rellena 74
Cebollas a la parmesana 125
Cebollas escalfadas 115
Cerdo con champiñones 53
Cerdo de primavera 51
Ceviche peruano 39
Champiñones al vino 33
Champiñones al vino 81
Chocolate 102

Chuleta a la milanesa 52	Delicia de lechuga 78
Chuleta con salsa de tomate 52	Dulce de mora 119
Chuleta de cerdo 51	Dulzura de nuez 95
Chuleta de cerdo a la crema 53	El equipo de cocina 6
Chuleta de cerdo a la naranja 51	El mejor arroz con leche 98
Chuleta de cerdo suprema 51	Elementos necesarios para
Chuletas de cerdo hawaianas 123	preparar cocteles 108
Cocido de cordero 59	Emparedados calientes 31
Cocteles 106	Encantos de chocolate 93
Coliflor a la mantequilla 77	Ensalada caliente de pollo al estilo Kenia .. 44
Coliflor al curry 78	Ensalada de aguacate y naranja 85
Cómo comprar 10	Ensalada de carne fría 56
Cómo congelar alimentos 13	Ensalada de espinaca con fresas 121
Cómo conservar las verduras 12	Ensalada de habichuelas 83
Cómo preparar una buena	Ensalada de lechuga con mostaza 117
taza de chocolate 103	Ensalada de papa 85
Cómo preparar una exquisita taza de té . 104	Ensalada de pasta con pimiento 72
Conozca las hierbas y especias 8	Ensalada de pepino y menta 85
Corazoncito lindo 112	Ensalada de pescado 37
Cordero al curry 59	Ensalada de pollo al estilo Pekín 42
Cordero al tomate 58	Ensalada de pollo y queso 42
Cordero de Armenia 59	Ensalada de pollo y uvas 42
Costillas de cerdo campesinas 127	Ensalada de queso y frutas 127
Costillas del panal 51	Ensalada de repollo 84
Crema de alcachofa 20	Ensalada de zanahoria 85
Crema de alcachofa 120	Ensalada italiana 84
Crema de banano 94	Ensalada Waldorf 84
Crema de brócoli 20	Ensaladas 82
Crema de calabacín 132	Ensueño 98
Crema de coliflor 18	Entradas 29
Crema de coliflor 23	Equivalencias de pesos y medidas 15
Crema de espinaca 24	Espaguetis a la carbonara 70
Crema de ostra 22	Espaguetis con jamón 71
Crema de vino 100	Espaguetis con requesón 72
Crema de zanahoria 19	Espaguetis con salchichas 72
Crema francesa 100	Espárragos a la crema 77
Curry de pollo o langostinos 43	Espinaca a la crema 81
	Espinacas con yogur 84
	Esponjado de fresa 95
D - E	Esponjado de guayaba 99
	Espuma de fresa 96
Daiquirí 111	Estofado de res 53
Delicia de fríjol 67	
Delicia de jamón 52	

F

Fettucini al burro 71
Filete de róbalo al maní 36
Flan 95
Flan de caramelo 123
Fresas sofisticadas 99
Fríjoles a la antigua 67
Fríjoles a la bostoniana 67
Fríjoles del cantante 67
Fríjoles para el Capitán 68
Frituras de mazorca 80

G

Gazpacho 24
Gelatina de chocolate 92
Gelatina de frutas 123
Gelatina de yogur y mandarina 95
Granos 66
Guacamole 85
Gulasch húngaro 56

H

Habichuelas con mazorca 80
Habichuelas crujientes 75
Habichuelas en vinagreta 83
Hamburguesa 54
Helado de chocolate casero 93
Helado de guayaba y menta 99
Helado de ron con pasas 100
Hígado al limón 59
Huevo relleno 32
Huevo relleno a la manera del gurú 28
Huevos 25
Huevos duros 26
Huevos en nido 27
Huevos fritos 27
Huevos para los domingos 28
Huevos pochés 27
Huevos rancheros 28
Huevos revueltos 27
Huevos sobre tostadas 28
Huevos tibios 26

J - L

Jamón con frutas 53
Lentejas al estilo Iván 68
Lomito al Jerez 128
Lomo con ciruelas pasas 50

M

Mangos Massai 99
Manhattan 110
Manzana a la miel 94
Manzanas esponjadas 94
Margarita 111
Mayonesa 88
Mayonesa al curry 88
Mayonesa para ensalada de frutas 88
Mazorca con tomates 75
Mazorca criolla 80
Mazorca frita 79
Mazorca y papas al estilo Barichara 128
Melones al vermut 115
Menú 1 114
Menú 2 116
Menú 3 118
Menú 4 120
Menú 5 122
Menú 6 124
Menú 7 126
Menú 8 128
Menú 9 130
Menú 10 132
Menús para invitaciones 113
Merluza apanada 39
Milanesas de ternera 115
Molde de atún con arroz 36
Molde de carne con tocino 54
Molde de pasta 117
Molde de pescado 36
Molde de pescado y queso 36

Molde de queso y arroz 133
Molde de saltamontes 100
Mousse de chocolate 92
Mousse de chocolate y naranja 92

N - O

Negro hermoso 111
No me olvides de chocolate 93
Orígenes del coctel 108

P

Pan relleno 31
Papa asada 64
Papa con yogur 65
Papa rellena 64
Papas 63
Papas a la cabaña 64
Papas con perejil y mantequilla 64
Papas caseras 64
Papas con queso 65
Papas del campamento 64
Papas esponjosas 65
Papas francesas al horno 65
Parfait de moka 128
Pasta 69
Pasta al pesto 70
Pasta al tomate 71
Pasta con calabacín 71
Pasta con champiñones 71
Pâté de pescado 3 ....
Pavo ....
Pavo del rey ....
Pechuga a la crema ....
Pechugas con mazorca ....
Pechugas parisinas ....
Pescado a la parmesana ....
Pescado al estilo mediterráneo ....
Pescado al romero al estilo Paula ....
Pescados y mariscos ....
Pilaf ....

Pilaf 119
Pimiento a la española 81
Pisco sour 112
Pizza rápida 31
Pollo 41
Pollo a la cerveza 117
Pollo a la mandarina 47
Pollo a la naranja 45
Pollo al estragón y vino ....
Pollo al horno ....
Pollo al kumis ....
Pollo al yogur ....
Pollo catalán ....
Pollo con arroz al estilo chino ..
Pollo con champiñones ....
Pollo con tocineta ....
Pollo en leche ....
Pollo en salsa de piña ..
Pollo en salsa de piña ...
Pollo indonesio ....
Pollo Marengo ......
Pollo oriental .....
Ponqué de ch
Postre al e
Postre d
Postr
Po

S

Salchichas sorpresa 33
Salpicón de mazorca 80
Salsa de miel de abejas 89
Salsa de mostaza 89
Salsa de pimiento 89
~~~lsa fría de mostaza~~ 87
~~~a golf~~ 89
~~~andarín para ensaladas~~ 87
~~~ara~~ 88
~~~rezos~~ 86
.... 111
.... 112
~~de repollo~~ 19
.... 18
.... 116
.... 124
.... 24
.... 20
.... 126
.... 19
.... 21
.... 130
.... 18
.... 18

Sopas 16
Stroganoff 54
Sueño de naranja 93
Sueño de piña 117
Sueños de rubí 111
Sugerencias para congelar verduras 114
Sugerencias para preparar un buen café 105

T

Tagliatelli a la albahaca 72
Té 103
Ternera «Cordon bleu» 57
Ternera a la húngara 58
Ternera a la paprika 57
Ternera al vino 57
Ternera al vino 119
Ternera de Breznia al estilo Antonio 58
Ternera del malabarista 58
Ternera del seductor 57
Ternera rápida 125
Tomate al horno 33
Tomates a la vinagreta 83
Tomate de María Eugenia 33
Tomates deliciosos 83
Tomates fritos 77
Torta de piña 131
Tortas de arroz 127
Tortas de atún 38
Trucha rellena 38

V - Z

~~ras~~ 74
~~lo es una aventura maravillosa!~~ 5
~~Margarita~~ 79
~~arisina~~ 79
~~al limón~~ 78
~~ernas~~ 131